国民軍を創設した男
大村益次郎

――維新の起爆剤となった長州藩――

相澤 邦衛
AIZAWA Kunimori

文芸社

目次

第11章　新国家建設――226

最終章　益次郎遭難 254

はじめに

近代日本の起爆剤として、土台は腐りかけてはいたが未だ強大な権力を保持していた徳川幕府を打倒し、西欧列強に伍する近代国家を建設したのは薩長土肥と言われるが、実際にその先陣を切ったのは長州藩である。土佐藩は中途までは強い権力を持つ前藩主山内容堂の意向もあって佐幕寄りであり、肥前藩は科学を追求する面では開明派ではあるが、思想は保守の前藩主鍋島閑叟が独裁権力を握っており、家臣を倒幕運動には参加させなかった。最終的に強大な軍事力を以て倒幕の主導権を握った薩摩藩といえども、最初は藩の最高実力者国父島津久光の意向もあり幕府寄りであった。

その点、内部抗争はあったとはいえ、尊王攘夷を貫き倒幕路線を邁進してきたのは我が国本土の最西端に位置し、交易・産業革命に成功し、強大な富を蓄積した長州藩である。長州藩が最初に倒幕に踏み切ったのにには幕府に対する怨念など幾つかの理由がある。また藩内には倒幕に踏み切るだけの豊富な人材が存在し、財政力、軍事力もあった。それらの相乗効果があって、はじめて倒幕の先陣を切れたのである。それらの各要素を本文ではこれから分析していきたいと考えている。

経済面からみると長州藩は従来の我が国経済の基本であった米穀経済から、いち早く流通経済の波に乗ることに成功し、農業においても瀬戸内の大規模な新田開拓を成し遂げ、農地を拡大し江戸幕府初期の36万9千石から、幕末には実質100万石の強大な藩に成長していった。

長州藩が倒幕に成功したのも背景に強大な軍事力を支える豊富な経済力があったればこそである。経済振興では、工業では蠟など長州の三白と言われる特産品増産、商業では下関を中心とする海運による流通経済・商品取引にともなう経済活性化を行なったのであった。

幕藩体制は米穀経済から成り立っていたが、時代が下るとともに流通経済となり、商業活性化により商人が潤い、幕府、各藩とも米穀経済に頼っていたところほど、商業の振興に伴い商人の力が強まり、藩財政はひっ迫化していった。幕藩体制後期に苦難の末、窮乏した藩財政の再建を果たした米沢藩主上杉鷹山は東北地方において稀有な例であり、彼とて農業のみならず特産品開発など商品経済に活路を見出しているのである。

そのような中にあって長州藩は地域性から流通革命の波に乗り、新田開発や商品経済を中心とした殖産興業により経済力を高めてゆき、その潤沢な財源を使って軍備の充実に邁進していったのだ。その軍事改革の双璧が行動の人、長州の異端児と呼ばれた高杉晋作と、藩近代化に向け軍事の洋式化に成功した藩軍事官僚大村益次郎である。

人材の宝庫と呼ばれる長州にあって、軍事改革を推進したのは改革派武士団（正義派と呼ばれる）の背後にいて彼らを擁護、育成した周布政之助など数限りなく存在するが、まずは上記の2人を挙げなければならない。

だが、2人は性格も改革の手法、行動も全くといってよいほど異なる。そこでここでは洋学者として藩の軍制改革を成し遂げ、国民軍ともいうべき明治陸軍の原型を創設した大村益次郎について詳細に触れることにする。高杉晋作にはすでに3冊の拙著で紹介しているので、ここでは簡単に触れておく。

高杉晋作という男は長州の異端児と言われ、酒好き、女好きの遊び人の典型のように見られがちであるが、身分にとらわれない四民平等の奇兵隊を創設するなど独創力に優れ、時代を見通す戦略眼など天賦の才の持ち主ともいえる。また攘夷派の首魁としてイギリス公使館焼き討ち事件にみられるように、暴走しがちの人物のように見られるが、実際には衆に優れて先見性があり、人を惹きつけるカリスマ性、冷静な判断力と、勝機を見るに敏な英傑である。

それに禁門の変にみられるように、時期尚早とみれば早まることなく時機到来を待つなど、時局を見る戦略性をも有している。また危機に際しては意外にも逃げ足が速く、久坂玄瑞、玄機兄弟のように血気にはやり情に駆られて玉砕することなく、時機到来を待ち、再起を期す性格でもある。また外国船砲撃事件の報復に襲来した英・米・仏・蘭四か国連合艦隊に、長州藩が敗北を喫した際も、外交交渉では敗者でありながら連合国側代表キューパー提督を相手に一歩も引かず、不利な条件下で交渉成立にもっていったごとく、卓越した外交手腕の持ち主でもある。それに意外なことにズボラな性格のように見えて、繊細な神経と鋭い感受性を持った詩人でもある。

以上高杉晋作の特徴について述べたが、最大のエポックスは時代の先を見通す戦略眼が存在したことである。最初、長州攘夷派の筆頭として鳴らした高杉ではあったが、上海遊学で西欧列強の高い科学力、文明度など先進性に直に触れることによって、いち早く開国派に転じた。これに続いて志を同じくする井上門多（馨）、伊藤俊輔（博文）もイギリス留学途上、上海で早くも西欧諸国の先進性に触れ、高杉に続いて開国派に転じた。彼らが帰国後もしばらくイギリス公使館焼き討ちなど攘夷を唱えていたのは幕府を窮地に追い込む倒幕の道具に使ったからである。

一方、組織内にあって大村益次郎は藩軍事官僚として、また洋学者として培ったその卓越した知識と深い洞察力をもって長州藩近代化の軍事改革を実施。倒幕を成功に導く。また明治に入り、士族階級の軍隊化を志向する大久保利通と激しい闘争を経ながら、明治陸軍の原型となった国民軍を創設した。

それでは倒幕へ向けて長州藩が突き進んだ道を、財政再建から流通経済を中心とする殖産興業によって財政基盤を築き、それを糧に藩近代化を成し遂げた長州藩を背景に、軍制改革を成功させた立役者大村益次郎（村田蔵六）を中心にみていくことにする。

第1章　長州藩発展の基礎

第1節　長州の人材育成

幕末維新の動乱を経て、西欧列強の帝国主義の嵐がアジア、アフリカ、中近東を席巻し、世界の中心「中華」を標榜するアジアの大国清国でさえ半植民地状態に置かれる中、我が国はそれに屈することなく短期間で近代化に成功し、西欧諸国に肩を並べるまでに成長を遂げた。その要因はどこにあったのか。これは私が日本近代史を専攻する決意を固めた時にまず第1に浮かんだ疑問点であった。

大学に入り、独自に興味を持った近代史の関係文献を蒐集する中で、まず気が付いたのはすでに屋台骨が腐りかけてはいるとはいえ、依然として強大な権力機構を保持していたのは徳川幕府という存在であった。その幕府を打倒したのは薩摩・長州・土佐・肥後の連合軍であったが、主力の薩摩とて途中まで幕府寄りの姿勢を見せており、薩摩藩最大の実力者島津久光は公武合体を策し、自らが加わった雄藩会議をも意図していた。それが西郷、大久保が藩の実権を握り、時代の趨勢の変化を見極めての途中からの参加であり、最初から倒幕の動きを見せていたのは長州藩のみであった。

いわば長州は、藩が倒壊するか否か迄の甚大な犠牲を払いながら、倒幕の起爆剤となったのである

(その長州藩とて改革を標榜する正義派と、幕府寄りの俗論等が、中途まで激しい内部抗争を繰り広げており、最終的に倒幕路線に傾いたのは元治元（１８６５）年12月、高杉晋作の功山寺決起による時から始まるのである)。

本州の最西端に位置する長州藩が、薩摩藩とともになぜ倒幕という大事業に挑戦し、幾多の困難を乗り越えて新生日本を創設することができたのか。それには大きく分けて3つの要素がある。

その第1は豊富な人材の輩出である。慶長５（１６００）年9月の天下分け目の大決戦、関ヶ原の役に西軍の総大将に祭り上げられた毛利家は戦に敗れ、西国10州１２０万石の広大な領土を、防長２州（長戸・周防）36万9千石と従来の3分の1に削減された。挙句の果てに毛利家は出身地芸州を追われ、本州最西端の地、防長2州に押し込められ、しかも毛利家の居住地は、日本海側の湿地帯萩という狭隘な僻地に置くことを幕府から指示されたのである。

長州藩が幕府に敵意を抱く原因は、関ヶ原の役で同じ西軍につきながら薩摩藩は領土を削減されることなく、長州藩のみが前述のように大幅な削減を受け、家臣一同長いこと血のにじむような苦しみを味わわされたからである。この恨みは幕末まで続く。

それにこの萩という城下町は、幕府から押し付けられた地形上政治に不向きな土地であり、毛利家を長いこと苦しめることになる。また当然のことながら、領土削減により毛利家では従来の全家臣を養っていくことはできず、防長2州に必要な人員のみを残してほかの家臣は解雇せざるをえなかった。

ところが全国には関ヶ原の敗戦で職を失った人が巷に溢れ、名門毛利家家臣とても職に就くことは困難な状況下にあった。そこでやむなく生まれ故郷の防長2州に帰らざるをえなかった旧家臣を、毛利家では暖かく迎え入れたのである。とはいっても旧西国10州太守の時代の家臣を養っていくことは容易なことではない。そこで毛利家では家臣全員で禄を分かち合い、士分階級も不足する分は農業や、各家庭の庭にこの地方特産のミカン栽培をさせる工夫までして、家臣が皆で貧窮な生活を我慢したのである。

このような経過から家臣は幕末になると、イデオロギーの相違から内部抗争を起こすとは言え、毛利家に対しては深い恩義を感じ、同家に対する団結心、帰属心は連綿と続いていたのである。このことは革新派の筆頭ともいえる高杉晋作でさえ、俗論党打倒に躊躇する奇兵隊第3代総督赤根武人の率いる奇兵隊員に対し、

「君らは赤根武人に欺瞞されしか。そもそも武人とは大島郡出身の一土民に過ぎないではないか。何ぞ国家、藩公の危急を知るにあらず。君らは余を何だと思っておるのか。余は毛利家300年来の臣である。何ぞ武人ごとき一土民と比べられるか。余は決してこの挙をやめる気はない」と、毛利家に対する忠誠心の塊のような言を吐いている。革新思想の先駆をなす晋作こそ「親に孝・主君に忠」の典型であった。

およそ四民平等の武装集団奇兵隊を創設した、革新思考の高杉晋作らしくない言葉であるが、根底には毛利家及び主君に対する強烈な忠誠心が存在したのであろう。これほど家臣一統には、関ヶ原敗戦時に自分たちを救ってくれた主家に対する強烈な恩義が歴代に亘り連綿と存在したのである。その

反面、長州藩では徳川家に対しては根深い憎悪の念を持っていた。毛利家では新年のあいさつで家老が「今年はいかがいたしますか」と言うと歴代藩主は「もう少し待て」というのが通例になっていたという。

それとともに藩を挙げての人材育成である。後述するが藩を挙げて攘夷熱にうなされている際でも、執政周布政之助は若き5人の青年をイギリスに留学させるなど、将来を見据えた人材教育は怠らなかった。

第2は、長州藩独特の殖産興業である。軍備を強化するには何よりその基礎となる富国（財源）が前提となる。この点長州藩は、折から全国で高まってきた流通経済の波に乗ることができ、一方で農業では活発な新田開発により、後述するが幕末には長州藩は実質100万石の石高という富裕な藩に成長を遂げたのである。またそれ以上に、下関という幕末では最も地形に恵まれた貿易港を抱えていることからくる海運、交易、それに伴う流通産業の発展は藩財政に大きく寄与したのである。

第3に、殖産興業・流通経済の活性化により得られた豊富な財源、資金力を原資に軍備の近代化に力を注ぐことが可能となったのである。その出発点は幕末に始まったことではない。すでにその素地は、村田清風の天保の改革にまで遡ることができる。

第4に、明治以降8人の宰相を輩出した例にみられるごとく、藩を挙げて豊富な人材を育成したことにある。正規教育では藩校明倫館での家臣の子弟に対する儒教（四書五経）を中心とした藩士としての基礎教育を行い、一方では下層階級の武士の子弟を中心に、天性の教育者吉田松陰の時局を柱とする自由な雰囲気での庶民教育を行った。

このような環境の中から高杉晋作、久坂玄瑞、品川弥二郎らが育ち、彼らの兄貴分として長州藩の外交を担った桂小五郎（木戸孝允）など、優秀な人材が長州藩には雲集している。そして彼らに比べれば師からその才は劣るといわれながらも、最終的には激動の幕末を生き抜き、明治政界の指導者として世界の一流国の仲間入りを果たした伊藤博文、山縣有朋、井上馨らが存在する。

そして彼らを支え、擁護し、育成した周布政之助という陰の功労者の存在も、忘れてはならない逸材である。また最大の功労者としては、医者として出発し、苦学力行の末、卓越した洋学者として成長し、藩軍事官僚として秀抜な戦略を生み出し、長州藩近代化・軍制改革を達成した大村益次郎を挙げなければならない。

長州藩の軍制改革は野に在って、農民、町人、力士などに至るまで四民平等の身分にとらわれない奇兵隊創設を成し遂げ、正義派絶対不利な情勢の中、功山寺での決起により藩政権を奪取した行動派の高杉晋作。一方、藩の軍事官僚として内部から明治日本の国民軍の原型ともいえる長州正規軍を創設した大村益次郎。この2人を除いては旧弊を打破し、長州藩近代化、ひいては明治陸軍の原型ともいえる近代軍隊の誕生はなかったであろう。そこでこの拙論では行動の高杉晋作、理論の大村益次郎の果たした役割を負いながら、長州藩近代化の足跡を辿ってみたいと考えている。

このうち小生にとって、幕末で最も魅力のある長州の革命児高杉晋作についてはこれまで、『維新の回天と長州藩──倒幕へ向けての激動の軌跡』（高杉晋作を中心とした）──新人物往来社　2

006年4月刊行
『高杉晋作上海行―攘夷から開国への覚醒―』叢文社　２００７年10月刊行
『高杉晋作―維新の先駆けとなった長州の異端児―』文芸社　２０１８年1月刊行
と3冊の著書が刊行されているので、ここでは長州正規軍近代化の創設者であり、且つ旧士族階級中心の軍隊を排し、近代国家にふさわしい徴兵制度を採り入れ、国民軍たる明治陸軍建設の基礎を構築した大村益次郎を取り上げてみたいと考えている。

大村益次郎という人物はその業績に比べ、西郷隆盛、桂小五郎、高杉晋作らに比較してあまり知られていない。またその評価も時代によって異なる。戦前は「明治陸軍を創設した偉大なる軍政家」という皇国史観での評価であったが、戦後はマルクス史観の見地から「大村や木戸（孝允）というのは、天皇の軍隊であり、天皇やその官僚を解体士族や、人民の内乱から守り人民大衆を抑圧するための軍隊である」（緑屋寿雄『大村益次郎　幕末維新の兵制改革』）と言った軍国主義否定の立場から論ぜられている。そこでここではイデオロギーを排した史実に則った中立の立場から、その人物像を見てゆきたいと考えている。

第2節　財政窮乏から改革へ

冒頭にも触れたが、慶長5（1600）年9月、関ヶ原の役に西軍の総大将として毛利輝元を擁し、敗北を喫した毛利家は、徳川幕府によって石高120万石の西国10か国の太守から、36万9千石の防長2州の大名に格下げとなった。

それでも長州藩は、120万石時代の家臣を馘首することなく抱えていたから、藩の借財は増加を続け、江戸時代初期の寛永21（1644）年の債務残高は3682貫であったのが、延宝4（1676）年には1万2千貫、江戸中期の宝永5（1708）年には1万3千貫、宝暦8（1758）年には4万1200貫、それが江戸後期になり天保の改革期の天保8（1837）年には実に9万2026貫に増加していたのである。負債増加率は江戸時代後半の229年間で24・9倍、まさに藩の台所は火の車であった。

封土を大きく削減された長州の財政難は長く、城下であり藩主の居住地は長州最大のへき地である萩に押し込められ、江戸城修復工事や江戸城近くの沼地に上屋敷築造を命じられるなど藩財政は窮迫の度を深め、それは江戸後期の天保年間まで続いた。

そのような厳しい環境の中で、長州は藩民を挙げて瀬戸内地方の海を干拓するなど新田開発に取り組むと同時に、長州の特産品の一つである塩田事業にも取り組んだ。その結果、江戸後期には表高約37万石は実質52万９千石に達した。

またそれ以上に長州藩に幸運をもたらしたのは、それまでの日本の経済機構の中核をなし、各大名家を支えていた米穀経済が行き詰まりをみせ、替わって流通経済社会へ移行してゆく過程に遭遇したことである。

この結果、長州藩は幕末までに約１００万石の富裕な藩にまで復活、大きく躍進するのであるが、それには長い道のりと藩を挙げての懸命な努力が存在したからである。それと長州藩が時代の波にうまく乗れた要因は、地形上馬関（下関）が海上交通の要路にあり、交易では全国海運の拠点となっていたことである。江戸中期以降、日本はこれまでの米穀を中心とする経済機構から、商業・流通経済に移行し、米穀経済に依存していた幕府や関東・東北諸藩は商業活動の波に乗り遅れ、非常な財政危機に陥ったのである。

その中にあって西南諸藩はその地に適した特産品を奨励し、流通機構を整備する中で豊かな財源を獲得していった（関ヶ原の役では西南諸藩約90藩は主に石田三成方につき、江戸幕府時代は外様大名としての苦衷を味わわされた。それが幕末・維新にかけての政局では天皇方についた大きな要因となったのであろう）。

特に長州藩は新田開発など農業振興とともに、工業面でも藩内特産の三白と呼ばれる塩、紙、蠟などを専売品として増産を奨励することにより莫大な利潤を上げていった。重農経済体制からのちに述べる流通経済とともに重商経済体制と工業化への政策転換に成功した。これが見事に時代の流れに適合したのである。

第３節　時流に乗った流通経済

その特産品を販売する流通ルートは瀬戸内地方の豪商が受け持ち、全国に売りさばいていった。その流通路となったのが瀬戸内航路、日本海航路の接点となる要衝下関である。各船舶は太平洋ルート、日本海ルートともに下関を経由する。そして日本各地から参集した商人たちがここで交易を行う。商人たちは問屋業も兼ねることによって、その取引範囲は藩域を越えて蝦夷と呼ばれた北海道の松前、東北の津軽、南部地方から上方にまで及んでいた。高田屋嘉兵衛に代表される回船問屋は、蔵米、その他一般の商品・物資輸送に従事し巨富を蓄積したが、その資金を財源として商業・金融業を兼業することによって、より一層北風家に代表される大資本家として成長していったのである。

特に蝦夷地からの海産物は上方、江戸の大消費地には大きな需要があった。そこで長州藩は直営の越荷方を設け、積み荷の売りさばきを望む他藩からの回船に、商談が成立するまで倉庫を貸すことにより保管料を徴収し、下関での取扱代金から税を徴収して利潤を稼ぐこともできたのだ。長州藩はやがて下関にとどまらず、藩内各地の港湾に越荷会所を設置することによって莫大な財源を獲得するのである。

幕末、高杉ら倒幕派の大きな資金源としてスポンサーとなった、長州の支藩清末藩竹崎に居を構える下関の回船問屋小倉屋の白石正一郎の活動範囲は、遠隔地交易により全国に及び巨額の商業利潤を得ていった。白石家に限らず兵庫の北風、高田、薩摩の浜崎家などはすでに藩内経済の枠を越えて全国規模で活動していたのである。

このため彼ら商人は武士より先に藩という枠を越えて、国家という見地から活動していた。白石正一郎が高杉晋作を精神面のみならず、資金面でも支援していたのは、単に晋作の思想に共鳴したからだけではなく、それを支える商業活動の下地があったからでもある。商業を背景にした港湾都市では船舶が安全に入港し、交易がおこなわれることは街の発展につながり、ひいては藩経済を潤すことにもなる。

長州藩においては封建社会の中にあっても営業の自由が保障されていた。それに加え天保11（1840）年には、藩自体が下関に越荷方を設け、同港に寄港する船舶に対し船荷などの委託販売や貸金業など商業活動までも行い、藩財政を十分に潤していたのである。この為長州藩の表高36万9千石は、江戸時代後期には新田開発により約53万石、特産品の専売事業、入船、交易から生まれる財源を石高に換算すると、実質100万石に達していたといわれる。それに支藩の徳山、清末、長府各藩の面高10万石を加えると110万石となり、徳川将軍家400万石、加賀前田家100万石（支藩を加え120万石）に次ぎ、薩摩島津家77万石を抜いて実質全国で3番目の大藩になっていた。

そのほかの全国の大藩としては尾張徳川家61万9千石、仙台藩伊達家59万5千石などがある。長州藩は米の表高では劣るが殖産興業の収入がある為、実際の財政力では他藩より勝っていたのである。

これら諸藩は薩摩を除いて幕末まで米穀経済に頼っていたから、総合経済力では長州藩には遠く及ばなかった。

幕末、長州藩が対外国戦争をはじめ数々の危機を乗り越え、軍事近代化に豊富な資金を傾注し、高杉をはじめとする藩士が京都祇園、長崎丸山で遊興に湯水のごとく金銭を浪費できたのも、この潤沢な財源があったればこその話であった。また薩摩藩も土地こそ肥沃ではなかったが、密貿易と琉球がサトウキビで稼いだ富を収奪することによって財源を得ていた。これが倒幕資金となったのである。

第4節　交易の要衝関門海峡

長州の下関と小倉藩の門司港とはすぐ目と鼻の先にあり、関門海峡は約3キロ強であり、船舶にとってはこの狭い海峡を通るのが京都、大坂（現大阪）、江戸方面に向かうのには最短コースであるから、交易上、軍事上いかに重要な海峡であるかが理解できる。なお長州は地形上防長2州と言われるように長府と防州とに分かれており、また、長州の居城がある萩は日本海側に面し、瀬戸内側には山岳地帯を越えていかねばならぬ狭隘で辺鄙な地域であった。

萩は政権中心の城下町として武士階級、御用商人の居住地となっている。それに対し、江戸中期から急激に発展した商工業は下関瀬戸内側に集中しており、交易拠点として回船問屋、貿易商など商人の居住区となっていて極端な構成になっている。

北大名誉教授田中彰氏が、「下関を中心とした豪商・豪農層が尊王攘夷派を財政面で支え、維新を成功に導いた一因」（『長州藩と明治維新』）。といわれるように、地域性で大別すると萩を中心とした日本海側は俗論党（佐幕派）の牙城であり、下関は正義派（尊王攘夷派）が拠点を構成していたのである。そして幕末になり幕府の統制力が弱まると、藩政府はへき地である萩を避けて防長の中心地にある山口に政庁を置き、政務を執り行った。

前述のように長州の政治勢力は地域によって大きく分かれる。高杉晋作ら正義派は、早くから瀬戸内方面の豪農・豪商層の活動拠点である下関に本拠地を置き、萩の俗論党勢力に対抗していた。正義派が有利であったのはいつの世でも情報が最も重要であるが、物資の流通拠点であり、交易が盛んな下関は商業活動に伴う全国各地から集まる情報の宝庫でもあったからだった。

情報はいつの世にあっても最重要テーマであり、その点日本海に位置し、三方を山岳地帯に阻まれたへき地の萩は藩主の居住地であっても情報に乏しく、そこを拠点とする俗論党には天下の形勢が分からない、という弱点があった。俗論党は、国内情勢の動きという情報戦争の面でも大きく後れを取っていたのである。

第2章　村田清風の改革

第1節　初期の兵制改革

長州の村田清風といえば、幕末において薩摩の調所広郷と並び称される、莫大な累積債務に悩まされていた藩財政を見事に再建した名財政家である。江戸時代初期からの累積による莫大な債務に悩まされていた長州、薩摩といえども一朝一夕で再建できたわけではない。

その頃幕府、各藩とも経済の中核をなす米穀経済が行き詰まりを見せ、財政は火の車であり、その再建には一刻の猶予も許されない迅速な対応が要求されていた。長州藩とて例外ではなく、第1章で見た如く累積債務はうなぎのぼりであり、寛永21（1644）年3682貫の債務が、天保8（1837）年には9万2026貫と凄まじい勢いで上昇していることが分かる。長州藩はまさに破産寸前にあったのだ。

このような厳しい状況下にあって莫大な赤字を解消し、同時に兵制改革の先鞭をつけ、全国でも有数の富裕な藩に育て上げた先駆者に村田清風の名が挙げられる。清風は萩の中堅士族村田光賢の長男として長門国大津郡三隅村で生まれた。その性格は直情径行で激しく、かつ厳正であった。一度決断すると自説を通し、他人の意見を批判する舌鋒は鋭く、この為敵もつくったが、時代の流れをつかむ先見性に優れていたといわれる。

天保年間（１８３０〜４４）は東北地方を中心に飢饉が大発生した時代であり、農村経済は極度に貧窮の度を深め、幕府をはじめ東北各藩の財政は逼迫した。東北地方に頻発した飢饉とそれに伴う百姓一揆は長州藩においても例外ではなかった。

天保２（１８３１）年7月26日に、宰判（行政単位を指す）子鯖（現山口市）に発生した大一揆は、没落本百姓、貧農の世直し一揆とされるが、これは商品経済の発展とも関連するといわれる。それは藩の中心地山口や、商品経済や塩田開発が発展しつつあった三田尻など瀬戸内地方に起きていることからもうなずける。

この大一揆は、文政10（１８２７）年の藩の政策に便乗した利にさとい悪徳商人の、藩米売り出しによる際の不法な手口により起きた米価高騰が原因とされる。その結果農民の生活はより一層苦しくなり、特に中農層に負担は重くのしかかった。このような時代背景の中で村田清風が登場するのである。

この時代は長州藩のみならず薩摩藩、越前藩、宇和島藩、佐賀藩など主に西国を中心とする諸藩で財政改革が行われた時代であった。この時期、改革を断行せざるを得ないほど全国各地で大規模な天変地異、大きな災害が発生し、それに伴う百姓一揆、逃散、打ちこわしなどが発生した時期でもある。それに加え米穀経済の行き詰まりで、特に米穀に頼る東北地方では各藩とも財政状況がひっ迫していたのである。その結果、流通経済に転換し、財政改革に成功した主に西国の藩と、依然米穀経済に頼り、財政改革を放置していた藩とでは格差が広がっていった。

第2節　藩政刷新

村田清風は藩の財政改革に踏み切るにあたって天保11（１８４０）年、士民にそれまで秘密とされていた藩の財政状況を公開し、藩の財政危機の根幹にあるのは、藩の勘定方があまりにも農民から税を収奪しすぎ、その結果農民は貧窮にあえいでいると判断した。それを打破するには、百姓一揆が頻発している現状を改革することが先決だと見抜いた。

そこで清風は、これまでの藩の財政政策が特権商人を優遇しすぎているとして、それまで商業経済に力点を置いていたが、一時農本主義に転換する政策に転換し、天保14（１８４３）年には『37か年賦皆済仕法』という法律を制定し、藩内高利商業資本、豪農に対する債務の踏み倒し政策を取り、借財に苦しむ藩庫を救済するという荒療治をも行っている。

だが清風の経済政策の基本はあくまで殖産興業であり、流通経済による商業振興策である。その政策とは、財政面では特別会計としての藩直営の撫育局設置であり、これは藩専売品から得られる収益の基金への積立と、一般会計との区別を行い、積立金を一般会計へ流用することを禁じる財政政策であった。

続いて冗費の整理、諸経費節減、修補金穀制度の改革、越荷方の改正強化、商品保管用の社庫設置など、節約だけでなく将来に向けての積極的投資も並行して行ったのである。この経費節減という緊縮財政と、並行して行った藩の利潤獲得政策という積極策を講ずることによって、貧窮を極めていた長州藩財政は一挙に好転した。

ところで天保8（1837）年、19歳で毛利家第13代藩主に就任した敬親は正義派、俗論党いずれが政権を握り政策提言を行っても「そうせい」というので「そうせい侯」というあだ名が付けられたが、本当にそのような決断力のない君主であったのか。敬親は幕末の名君と呼ばれる薩摩藩の島津斉彬、宇和島藩の伊達宗城、越前藩の松平春嶽、土佐藩の山内容堂ら四賢侯（時期によって賢侯と呼ばれる人は変わる）と呼ばれる大名に比べると確かに独裁色はなく、政治の表舞台で華々しい活躍はしていない。

だが敬親は日本海と三角州に囲まれた、地の利に恵まれない城下町に運河を建設し、住民を洪水の被害から救い、清風を抜擢して藩の近代化、財政再建、軍の洋式化推進を行うなど人材を登用して諸改革を成功に導いている。

そして最大の功績は先見性のある周布政之助を中心とする人材の登用である。周布自身は上級階級出身ではあるが、改革を実現するには何より優れた人材が必要であるとして、政治の実権を従来の藩主一族、上級武士団から権力の移譲を行い、「大組」と呼ばれる中流階層及び足軽など下級武士団から人材を登用した。それにもかかわらず敬親がなぜ「そうせい侯」などと呼ばれたのか。それは藩内のバランスを取る為中和策を取り、俗論党、正義派の激烈な闘争を避ける為の知恵であったと言われる。

高度な学問や専門性を必要とする諸改革には、幅広い分野からの人材登用が要求されたからである。その結果、長州藩では次第に門閥制度は崩壊してゆき、足軽・中間などからも有能な人材が育成され、後年大村益次郎によってなされる兵制改革の素地はすでにこの頃から出来上がっていたといえる。そして明治維新の大業はこれら中・下層階級の武士によって行われるが、その端緒は清風の時代に開かれたといえよう。

第3節　清風の兵制改革

長州藩を財政改革により、全国屈指の富裕な藩にまで育て上げた村田清風が、次に着手したのが兵制改革である。彼は若い時から林子平の『海国兵談』や清国経由の西洋の翻訳書を読破することによって、海外事情に精通していた。清風はロシアをはじめイギリス、フランスなど西欧列強がアジア、アフリカ、中東などに対し海外侵略を行い、植民地化を進めている状況を把握しており、いずれ彼の国々が日本に侵略の手を伸ばしてくるのではないかと危惧し、その対策に腐心していたのである。

財政改革に成功した清風は天保11（１８４０）年8月、旧式武器（弓、矢、薙刀など）は今からの戦では役に立たないから、鉄砲を主力としなければならないとし、その為には兵器を自藩で調達すべきことを主張し、鉄砲を製造する役人及び職人を江戸へ派遣して技術を習得させた。

翌年5月には高島秋帆による武州徳丸原（江戸）での洋式銃演習に、藩士を派遣して実地研修にあたらせている。またその後長崎に藩士を派遣し、日本に初めて導入した西欧流の高島流砲術を研究している。その為長州藩では溶鉱炉を建設することにより、自前での鉄砲製造が可能となった。高島秋帆はオランダ人から砲術と西洋銃陣を学んだ、江戸後期随一の蘭学者であり西欧式銃の実践者でもあった。

また清風は、時勢に対応するには航海術に熟練しなければならないとして、新たに数十隻の船を建造し防府の三田尻を船隊の根拠地として、大坂までの試運転をさせている。また陸上では家臣の銃陣編制を急ぎ、従来の「足軽鉄砲」という観念にとらわれていた藩士の反対を排除して、文化年間には「神器陣」という足軽によって構成された鉄砲銃陣を編制している。

銃陣とは大砲、小銃隊、刀槍陣を組み合わせた西欧式軍備で構成された戦闘単位である。この頃まで幕府の基本姿勢は、江戸幕府開府以来の伝統で諸藩の軍備充実を認めず、弱体化を図ろうとするところにあったから、長州藩はこの点、外様大名であることを逆手に取って幕府の統制をかいくぐり、村田清風は早くも天保年間において近代軍隊の創設を考えていたのだ。幕末、大村益次郎が軍制改革を構想した時には、長州藩にはすでにその下地が存在していたのである。

そしてこの軍制改革の成果は間もなく現れた。嘉永6（1853）年6月、ペリーの率いるアメリカ太平洋艦隊4隻が突如浦賀沖に出現した時、幕府は驚愕して各藩に対して江戸湾警備を命じた。この時太平の世に慣れた各藩は武具がそろわず慌てふためく中で、長州藩のみは500人の藩兵に銃1000丁、砲3門を装備させ、警備に指定された大森周辺に迅速に配備を終える手際の良さを見せつけたのである。

第4節　殖産興業

このように清風の天保の改革は、単に緊縮政策による財政再建という消極策に止まらず、産業振興策をも手掛けた。農業分野では干拓事業による新田開発、商業では越荷方設置による交易から生ずる藩独自の利潤獲得体制、工業ではすでに述べた長州の三白（蠟、塩、紙、米を加えると四白）製造振興とともに、それを扱う販売機関として藩直営の撫育局を設けている。

長州藩は三白など特産品を藩専売事業とすることによって、商人に利潤を独占させることなく、藩独自の財源獲得の方途を講じたのだ。特にこの頃、生活必需品として全国で需要が高かった塩については防府、秋穂、三田尻を中心に塩田を開発した。幕末、塩田を営む戸数は145軒、面積は実に217町歩を数えており、長州藩はこの塩の専売事業でも大きな収益を上げ、藩財政を十分に潤していたのである。

この清風の改革を支えたのが新興商業資本家層である。彼らは萩の藩賄い方に癒着した特権商業資本と対立し、瀬戸内地方、特に下関を中心に交易・回船業で富を蓄積し、折から勃興してきた流通経済の波に乗って急成長を遂げてきた。これら瀬戸内地方を地盤とする豪商豪農層は、藩という枠にとらわれない自由な交易・流通（それに伴う回船業・倉庫業）という政策で利害が一致することから、以後も高杉晋作ら正義派を財政面で支えていくことになる。

白石ら新興豪商層は、高杉が久坂ら狂信攘夷派と異なり、経済に強く国力を伸張させるには軍事力だけでは困難であることを熟知していることを知っていた。それが久坂らを見限り高杉を支援する要因となったのである。軍事力保持にはそれを支える豊富な資金力を必要とするが、正義派が俗論党と激しい闘争を繰り広げながらも、最後に覇権を握った要因にはこの新興豪商層の豊富な資金力が存在した。

一方、萩においてはこれといった特産物もなく、地域性から流通経済も発達していなかったので、特権商人は藩の専売品販売の認可を得るなど、藩財政に寄生して富を築いていったから自然、特権商人は政権を握る俗論党の資金源となった。特権商人は藩勘定方と結びついて発展を遂げていった豪農であり、豪商の菊屋などはその典型であろう。

菊屋は藩の御用商人として専売品一手販売で莫大な利潤を上げると、それを農民に貸し付け、豪農としても急拡大を遂げていった。江戸から萩にくる藩の賓客の接待はほとんど菊屋で行っていたといわれるほど藩勘定方と密着していた。

これら萩の城下町に居住する特権商人は藩の専売品取り扱いで儲ける傍ら、その余剰金を農民に貸し付けた。厳しい取り立てに返済に困った農民から借金のかたに取り上げた農地も増やしていったから、菊屋の例にみられるごとく豪農か豪商か区別がつかないほど巨大化していったのである。この為藩財政は火の車であるにもかかわらず、特権商人のみが富裕化していったのだ。そしてこれは全国共通の例であるが、江戸後期から明治にかけて急激に中堅農民の小作化が進展し、地主と貧農の二極分化が進むのである。

この悪循環を断ち切ろうとした清風であったが、改革に反対する藩内からは猛烈な反対運動が巻き起こった。特に『37か年賦皆済仕法』は借金踏み倒し政策であるから特権商人は勿論のこと、彼らと結託して役得を得ていた勘定方を中心とした武士階級も同調した。その筆頭が保守の坪井九右衛門一派であり、結局清風は辞任に追い込まれたが、その後、清風の系統は彼ら一派と抜き差しならぬ対立を生むことになる。これが後年の正義派（周布政之助・高杉晋作・桂小五郎・瀬戸内商人）と俗論党（坪井派・椋梨藤太、三宅忠蔵・萩商人）対立の火種になっていくのである。

安政5（1858）年6月、清風追い落とし以来、政権を担ってきた保守系の俗論党は、財政運営に破綻をきたし、その結果政変が起こり、政務役ら藩政執行の役割を担う執政の交代が行われた。村田清風の流れをくむ周布政之助、内藤万里助、前田孫右衛門ら中堅層が、旧門閥層や俗論党に代わって政権を掌握したのだ。

彼ら新執行部は8月、藩政改革に乗り出し、軍制の洋式化、下層武士階級でも財務や専門分野に強い人材の登用による行政テクノクラートの養成、及び民生改革に着手した。これら諸改革が成功した要因は、アメリカ艦隊の襲来に備えて幕府から要請されて品川大森周辺の警備に就いた際、旧態依然とした軍備では外国には対応困難、という事実を思い知らされたからである。

長州藩はほかの諸藩に比べると兵制改革は進んでいたとはいえ、未だ古い殻を引きずっており、真の近代兵制とはとても言えなかったのである。

藩でも兵制改革は緊急不可欠の事業とされ、万延元（１８６０）年に実施された。天保の改革時には他藩に比べ最先端兵制であった『神器陣』も、すでに時代の進展とともに旧式になっていたのである。

そこで翌年、改革派はオランダの軍事教官カッテンデーケの下へ陸軍士官23人と今後の海軍を担う13名を長崎伝習所伝習生として派遣した（ちなみに伝習所所長は勝海舟、最優秀士官としてカッテンデーケが激賞した榎本武揚もいた）。派遣組帰国後、長州藩は彼ら伝習生により兵制を改革して、旧式な部隊編制である弓組、槍組を解散し、中堅・下層武士層を中心とする西洋銃陣に再編制したのである。これにより軍備はそれまでの刀、槍、火縄銃から、この頃は最先端銃器であったゲベール銃を中心とする各藩より一歩進んだ西洋式装備に切り替えられたのである。

兵制改革を実施する為藩の機構は大幅に変更された。藩執行部には中級以下の大組と呼ばれる組織に属する藩士が門閥層に代わって登用され、政治の中枢に参画することになった。政治の実権を握る政務座役首座（藩執行部執政）には周布政之助が就任した。周布は改革の一環として、それまで政治に参画する機会がなかった足軽階級も、行政や軍の中核に登用した。次いで新執行部は、盛んに経済の先進地長崎に藩士を伝修生として派遣し、西欧文明の吸収に努める政策も実施に移している。

これら兵制改革に伴う莫大な資金調達は、先の天保の改革の際、清風により設立された特別会計である藩の撫育局からの財源が活用されたのである。長州藩が藩財政の窮乏にあえぐ他藩に先駆けて卓越した経営手法から豊富な財源を獲得し、門閥制度崩壊により、中堅・下層階級から人材登用が可能になったのはこの時期からである。

長州という藩がいかに身分にとらわれること少なく自由平等・闊達な風土であったかは、伊藤博文と無二の親友であり、生涯にわたって固い友情に結ばれていた、井上馨との関係にみることができる。伊藤家は足軽以下の中間出身であり、父親が足軽の株を買って武士となった。それに反し、井上馨は世子定徳の側小姓を務めた250石取りの上士の家柄である。したがって藩校明倫館に学び、松下村塾には入門していない。それにもかかわらず、若い時から俊輔、門多と呼び合う仲であった。

また腐りかけているとはいえ未だ強大な権力と財力、軍事力を有し、有能な人材をも抱える幕府に、最初から単独で立ち向かったのは長州藩のみである。倒幕の主勢力は薩長土肥と言われるが、薩摩は強大な軍事力と政治力をもって維新前夜、薩長同盟を締結し西郷、大久保が政治・軍事の主導権を握ることにより倒幕の主役に躍り出たが、それまでは国父島津久光が幕政に関与するなど幕府寄りであった。

また土佐藩は前藩主山内容堂が藩政の権力を握り、慶喜が大政奉還後も最後まで徳川慶喜擁護派であり、慶応年間に入り、板垣退助ら武力倒幕派が実権を握った結果、官軍となった経過がある。肥前藩に至っては絶大な権力を持つ前藩主鍋島閑叟が藩士に倒幕運動に参加することを許さなかった。それが戊辰戦争という最後の土壇場へきて、その強大な近代軍事力を買われて倒幕側に加わったのである。

特に土佐は身分制が激しく、土佐勤皇党の党首武市半平太は郷士出身である為、何とか上層部に取り入ろうと、仲間を裏切る形で藩の執政後藤象二郎に接近するなど種々画策したが、結局野望は達成できなかった。

このように、藩内の俗論党対正義派の対立という内紛など、不利な条件を抱えながらも最初から長州藩が倒幕の先陣を切ることができた要因は、思想面では徳川幕府開府以来からの幕府への根強い憎悪、藩発展を支える経済・財政面では、村田清風の天保の改革以来のたゆまざる財政改革、流通経済振興政策、殖産興業の活性化など富国強兵策という軍事力強化の下地が存在したことである。

第5節　松下村塾とその逸材

長州藩では門閥・上士階級から、維新政府の高官になった人は誰もいないという。首相及び大臣クラスの伊藤博文（俊輔）、山縣有朋（狂介）、品川弥二郎、山田顕義（市之允）などのうち、山田は中士階級であるが、伊藤、山縣は足軽以下の中間出身であり、維新の大変革期だからこそ持てる能力をいかんなく発揮し、実力で明治政府の高官に上り詰めることができたといえよう。彼らの師、吉田松陰こそ毛利家譜代の名門杉家の出であるが、養家先の吉田家は禄高僅か26石に過ぎない。それでも人格をもってあれだけの人材を世に出すことに成功した。

それに幕末、京洛で長州藩外交を一手に引き受けて活躍した桂小五郎（木戸孝允）、松下村塾で高杉晋作と並び竜虎と謳われた久坂玄瑞も侍医の出身である。例外として長州の鬼才と言われた高杉晋作は中士、明治政府で財政通として鳴らした反面、終生汚職のうわさが付きまとい、遂に首相の座に就けなかった井上馨は唯一上士の出身である。本編の主人公であり長州正規軍、明治陸軍を創設した大村益次郎（村田蔵六）も出身は村医者である。

このように維新の英傑が皆上級家臣の出ではなく、下級武士であったのはすでに村田清風時代に人材発掘の素地ができていたからであり、長州藩独特の人材発掘、育成が幕末・維新の動乱期を乗り越え、日本をして西欧列強に伍する強国を建設する原動力となったのである。彼ら松下村塾出身者は皆下層階級出身であったが、頭脳は明晰で行動力に富み、国際情勢に機敏で新しい国家を造ろうという情熱にあふれていた。

この頃主な松陰門下生を挙げてみると、高杉晋作が藩校明倫館から親の目を盗み松下村塾に入門したのが19歳。前原一哉（大組25歳）、久坂玄瑞（寺社組19歳）入江九一（足軽22歳）、品川弥二郎（足軽16歳）、吉田栄太郎（稔麿　足軽18歳）、伊藤俊輔（中間18歳）、山縣狂介（有朋　中間19歳）であり、このうち高杉、久坂、入江、吉田が松陰門下四天王と呼ばれていた。

この時師である吉田松陰は弱冠29歳であり、松陰門下生以外では桂小五郎（木戸孝允　侍医26歳）、井上門多（馨　２５０石　上士　藩主嫡男小姓24歳）などである。江戸時代士分は足軽以上であり、伊藤、山縣など中間は士分以下であった。彼らの登用はいかに長州藩が身分制社会から脱却していたかがわかろう。ちなみに門下生で松陰が高く評価していた久坂玄瑞、入江九一、吉田稔麿らは志半ばにして中途で倒れ、松陰が学問の上であまり高く評価していなかった伊藤俊輔、山縣狂介、品川弥二郎らは機を見るに敏で柔軟な思考の持ち主であり、調整能力にたけ大局を見極め、国際政治の現実を冷静に直視できた現実主義者の彼らが後年、明治政府の高官に上り詰めるのである。

第6節　長州の革命児　高杉晋作

ここで長州藩軍備の大改革を、大村益次郎とは別な大衆化（奇兵隊創設）という角度から成功させ、久坂玄瑞とともに、松下村塾の竜虎と並び称され、事実上長州藩を掌握し、倒幕を成功させる起動力となった高杉晋作について触れてみることにする。

高杉晋作は天保10（１８３９）年8月20日、父長州藩小納戸役高杉小忠太、母みちの長男として萩城下で生まれた。自らは１５０石取りの中士階級の出身でありながら、庶民階級の集まりである松下村塾の仲間は勿論、城下の足軽、町人、百姓まで人気があった。晋作には何とも言えぬ愛嬌、人望、それに晋作の為なら、というカリスマ性をも併せ持っており、天性人を惹きつける不思議な魅力の持ち主であった。のちに奇兵隊創設が可能であったのも、このカリスマ性があったればこそといえよう。

それでいて庶民層に限らず、藩主毛利敬親にも幼少の頃から非常に可愛がられた。幼少時藩主の前で御前講義を行ったというから、一見ズボラのように見えてかなり頭脳明晰であったのだろう。また藩主の寵愛を受けていたという点では、俗論党政権時正義派が弾圧を受けた際にも、藩主に遠慮して晋作には手加減していたことなど有利に働いている面がある。

それは晋作が生涯において幾たびか窮地に陥った際、家臣の提言に通常は「そうせい」と、無条件で案件を通すことで有名な敬親であったが、俗論党政権の晋作厳罰論には決定を下さないことで彼を救っていることからも分かる。他藩では脱藩は絶対許されないが、晋作の場合何回かの無断脱藩時における帰国後の処遇は入獄程度で許されているのはその好例であろう（土佐藩を脱藩した坂本龍馬などは生涯藩から追及されている）。

それに晋作は上海留学からの帰途西欧文明の偉大さに触れ、藩の許可なく勝手にオランダから蒸気船を購入する契約を締結（途中で破約）するなど大胆な行動で、家中きっての暴れ馬として藩中枢部に持て余されながら、いつかは役に立つ存在として、意外に大事にもされているのだ（このことは四か国連合艦隊来襲時に公使登用で立証される）。

長州藩では世襲制の門閥に頼るのではなく、組織を活性化させる為、常に数百の藩士の家に人材をプールしていた。八組（１６００石から40石の藩士の家　１２００軒余）の高杉家嫡男の家に生まれた晋作も、またこの人材プールの中で育てられた（一坂太郎『高杉晋作』）。

長州藩にはこのように、自由で門閥にとらわれない人材登用の風土があったればこそ、士分でさえない中間の伊藤俊輔、山縣狂介、足軽出の品川弥二郎などが自由に活躍することができたのだ。そしてこの自由闊達な気風が、門閥の壁にさえぎられて登用を阻害されていた他藩の武士階級と異なり、長州藩は人材の宝庫とさせたのである。

この長州藩の前向きで柔軟な思考が、最初こそ同じ尊皇攘夷論に固まっていた水戸藩と異なり、外国文明の偉大さに触れ攘夷が無謀な考えと知るや、さっさと開国論に転向するという柔軟性を発揮し、維新創業の道を歩むこととなるのである。それは攘夷論の筆頭高杉晋作の上海行、伊藤、井上のイギリス留学後の転向に顕著に表れているといえよう。

それに比べ水戸攘夷派は、最初こそ長州の桂と「成破の盟約」を結ぶなど尊皇攘夷論の急先鋒であったが、斉昭の系統を引く一派と保守派間の内部抗争は激しく、水戸尊攘派はあまりに純粋過ぎたのか、最後まで尊皇攘夷論から脱皮できなかった。ついには天狗党事件を起こし、ここで尊攘派であり味方と信じていた慶喜にも裏切られ、維新の最も重要な時期に社会の動きがつかめず時代に取り残されていくのだ。

ところで晋作は、初め上中士階級の子弟が通う藩校明倫館に通っていたが、そこでの「四書五経」など儒教を中心とした平凡な講義に飽き足らず、松陰の名声を聞きつけて松下村塾に入りなおした。安政４（１８５７）年、晋作18歳の時である。世子の側小姓まで勤めたほどの男が下士クラスが通う松陰の門下生になるなど稀有な例である。勿論主君に忠実な父小忠太の反対を押し切っての入門であった。

晋作は明倫館においてもきっての秀才であったが、形式主義にとらわれ、儒学、朱子学や四書五経を中心とする古典中心の学問教授法に飽き足らず、この学問を腐儒と呼び半ば投げやりのところがあった。自由奔放な思考能力を持つ晋作には単に覚えるだけの学問は適さなかったのであろう。その晋作が松陰門下生となり、塾中随一と謳われた久坂玄瑞と競り合うことで見る見るうちに実力を高めていった。人の性格を見抜き、それに適した教育を施す松陰の巧みな教授法の結果である。

入門後半年もすると晋作は従来の基礎知識に加え、持って生まれた独創性が養われたことでかなりの学力を身に付けたが、それよりも後年の晋作を彷彿とさせる出来事はたちまちのうちに塾生の信望を集め親分株にのし上がったことである。

松陰は学力では晋作よりも久坂を高く評価していた。性格においても天衣無縫でズボラなところがある晋作より、自分に似て純粋で清廉潔白な久坂を愛していた。また松陰の特徴は門下生であっても、その学識を認めると師弟の関係というより、同志として扱うのである。松陰もやがて晋作の学識を認め、そのように扱うようになっていくのである。晋作の持って生まれた指導力とカリスマ性のなせる業であろう。

晋作の性格を一言で言い表した言葉に、明治期に入り、かつて忠実な弟分であり、今では政界きっての実力者となった伊藤博文が建立した碑文に、

「動けば雷電の如く、発すれば風雨の如し」とあるごとく、その迅速な行動力と、事を起こすに際しての勝機を見る目と決断力が、適切な表現力として挙げられる。

晋作の真骨頂は、事を起こすにあたって日頃の豪快さとは裏腹に慎重、緻密で正確な情勢分析を行うところにある。禁門の変に際して、今はその時ではない、時局から見て時期尚早である、としての時局を誤らなかった慎重な判断。反対に功山寺決起の際の「今を置いて立ち上がるべき時はない」とする大胆不敵な行動は、それぞれ緻密な情勢分析に基づいているのである。

また晋作という男、規則、慣例といった社会通念にとらわれない自由奔放な行動をとりながらも、

「君に忠、親に孝」が根底にあり、人一倍主君、藩を愛するという武士道精神をも併せ持つなど、二律背反性も強烈である。また大酒を飲み、芸者遊びに明け暮れるなど無軌道で豪放な性格の反面、詩作に耽り、時々世を儚む、という精神状態に陥ることもある。この鋭い感受性を表現する言葉に「面白きこともなき世に」という詩文にその繊細な神経、複雑な人間性と精神状態の心境が窺われる。

このような破天荒な男であるからこそ維新回天の火ぶたを切り、藩内革命戦争を成功に導き、第二次征長戦争を勝ち抜き倒幕の口火を切ったのは、紛れもなく高杉晋作を筆頭とする、若き松陰門下とその一統であった。彼らは海外情勢を知るにつけ、すでに土台が腐りかけている幕府の政治が続けば、これからの日本は西欧列強に植民地化される、という強い危機意識を持ったのだ。そして彼らは熱情溢れる若き政治学者吉田松陰の「松下村塾」に学んだのである。純粋過ぎるところはあるが、松陰には余程人々を惹きつける魅力が存在したのであろう。

後年、松陰は獄中につながれても自ら学問を続ける一方、牢から解放される希望のない同じ獄中につながれている囚人に孔子、孟子の講義を施すなど天性の教育者であった。講義は彼らを見張るべき役割の牢番にまで及び、牢の外で熱心に松陰の講義に聴き入っていたというから、人を惹き付ける魅力を備えた純粋な教育者であると同時に、何人をも感化する素晴らしい影響力の持ち主であった。

松陰は幼年時、教育を厳格な叔父玉木文之進に徹底して仕込まれて育った熱烈な尊王攘夷家であった。長じては会沢正志斎の水戸尊皇攘夷論の影響を強く受ける一方、信濃藩士で科学者の佐久間象山の影響を受け、攘夷論者でありながら海外の科学技術をも学ぼうという強い知識欲に燃えてもいたのである。

　また後年、海外事情を知りたいという情熱のあまり密航してアメリカ軍艦に乗り込もうとして失敗。幕府から長州藩に送還され野山獄に収監された際も読書に励んだが、その分野は哲学、歴史、地理、兵学、医学にまで及んだという。

　また入獄前、全国から萩を来訪した知識人から国内の情勢はおろか、国際情報までどん欲に吸収しているから、その学力、知識欲は並外れていた。松陰は佐久間象山の影響を受け、科学技術をはじめあらゆる情報を非常に重視するが、その例として『飛耳長目』が挙げられる。その意味は有能な人材を遠ざけ、天下の士との交際がなくば井の中の蛙の誹りを免れない、として知識人からの情報の収集と人材の活用を説いている。したがって、子弟への教育方法も書物で教えるだけでなく、国内外の時局を中心とした最新の情報など生きた講義が中心となっているのだ。

第3章　開国への途

第1節　ペリー来航とその波紋

そのような折、嘉永6（1853）年6月3日、アメリカ東インド艦隊司令長官ペリーが、アメリカ大統領フィルモアの国書をもって蒸気船4隻を率い、浦賀に来航した。アメリカからはそれまでにも1837年モリソン号、1845年マンハッタン号が来航している。アメリカとしては大陸の西部に達した今、大西洋に比べ西欧列強の手が及んでいない広大な太平洋を前にして、西欧列強がしのぎを削っている、アジア大陸という無限の市場は大きな魅力であった。そしてその先端にあるのが日本であった。日本は薪炭の供給地として、また通商の相手として最適であった。

アメリカ東インド艦隊は1846年にも来航し、国交を迫ったが、幕府はいずれも国法を盾に国書受け取りを拒否した。その後も数回にわたりアメリカ艦隊は来航したが、幕府は鎖国は祖法であるとして拒否し、通商の企図を達することはできなかった。

そこでアメリカはこれまでの数度にわたる失敗の経験を顧みて、日本の国情、幕府の政治制度、外国への対応方法等を研究した。その結果、大統領フィルモアは祖法を盾に、かたくなに国を閉ざす日本に国交を迫り、開国させ、通商条約を締結するには強権をもって威圧するしか方法はないと判断したのだ。

この作戦は成功した。徳川幕府の今まで行ってきた困難な課題についての先送り交渉は、国情を調べつくした今回は許されなかった。その経緯についてペリーの『日本遠征記』（ペリー提督日本遠征記）によると、

「武力に訴えての上陸の問題は事件の今後の発展によって決定されるものであった。これは勿論採るるべき最後の手段であったし、最後であることが望ましかった。提督は最悪の場合を想定し、絶えず完全な準備をさせておき、戦時中とまったく同様に乗組員を徹底的に訓練した。提督は日本の土地で日本人と会見して、いささか日本人の排外政策は度を越してるから蒙を啓いてやろうとも準備していたのであった。」

ペリー提督率いるアメリカ艦隊は、蒸気で走る旗艦サスケハナ号2450トンほか3隻であった。日本最大の千石船が約100トンであるから、江戸市民にとっては想像を絶する巨大な艦隊であり、度肝を抜かれたのも無理はない。

日本は周囲を海に囲まれた島国でありながら、このように船舶建造で欧米に後れを取ったのは徳川幕府が寛永年間（1624）から鎖国主義を取り、大名の大船建造を禁止したからである。この為室町時代から江戸初期までは、倭寇をはじめ貿易商人がシャムなど東南アジアに日本人町を建設するなど、海外に雄飛していたのであるが、鎖国の結果、日本は船舶建造、海外進出では西欧諸国に大きく

立ち遅れることになったのだ。

船舶だけではない。徳川幕府が鎖国政策により泰平の世を謳歌している頃、西欧諸国ではイギリスで開発された蒸気機関の発明により産業革命がおこり、時代は大きく変動していたのである。その結果、中世まではそれほど科学技術、軍事面においても後れを取っていなかった日本も、幕府の存続を図った鎖国政策の為、17世紀に入ると西欧列強に大きく格差をつけられることになったのだ。

西欧諸国は弱肉強食の中にあってお互いに切磋琢磨し、科学、軍事技術を大きく発展させた。特に大きな科学技術の進展を見せたのが産業革命である。産業革命はそれまで農業国であった西欧諸国が、蒸気機関という技術革新によって工業国に脱皮し、それまでとは比較にならないくらいの科学工業の進歩発展をもたらせたのである。

そして産業革命の発祥地であるイギリスから順次、欧州一の農業国フランス、弱小諸国を統一して強力な国家を構築した新興国ドイツ、イギリスと覇を争った商業国オランダ、植民地から出発し、広大な領土を獲得したアメリカなどが工業化に成功した。

次いで西欧諸国は工業製品を後進国に販売することで、金融資本を充実させることにより、その資金力によって軍事力を増強させた。その武力を背景にこれら西欧諸国は交易を盛んにし、安価な工業製品を後進国に売りつけることによって巨富を得るや、世界各地で激しい植民地獲得競争にしのぎを削りつつあった。その矛先を最初に日本に向けたのが植民地争いで西欧列強に一歩後れを取っていたアメリカであった。

かつてイギリスの植民地であったアメリカは、たくましいフロンティア精神と豊かで広大な土地に恵まれ、1776年の独立戦争以来東部から西部へと先住民族インディアンを駆逐しながら対スペイン戦争で旧勢力を打倒。太平洋側に達すると、そこは未知の世界であり、その前には太平洋という広い海洋が広がっていた。また西欧諸国との競争が激しい大西洋と異なり、陸の西部と同じく資源に恵まれた未開の海域であった。後進国アメリカは広大で肥沃な土地と、海洋資源に恵まれた海域を手に入れることにより強大化していくのである。

第2節　開国への先駆者

ペリーの強硬姿勢を受けて、幕府では老中首座であり外国掛の阿部正弘を中心に連日会議を開いたが、最初幕閣では「幕府の祖法を守って断固打払いをすべきだ」という意見が圧倒していた。だが開明派の阿部は天保11（1840）年から始まったアヘン戦争で、それまで世界最大の強国とみられていた清国が、イギリスに大敗したという情報をつかんでいた。それだけに今、欧米列強と戦争をしても勝てる見込みがないことを熟知していたのである。

これらの情報はわが国の友好国を自認するオランダからであり、同国は早くからライバルイギリスをはじめとする欧米列強は日本への関心が高く、いずれ近日中に来航するであろうから対応を考えておくように、と警告を発していたのである。だが幕府は情報を軽く見て対応策を放置している間にペリーが来航することになったのである。

ところがその交渉中、ペリーは幕府に断りもなく浦賀沖での測量を行った。これは紛れもなく国際公法違反である。幕府の厳重な抗議にもペリーは「自分はアメリカの法律に従って行っているのだ」とうそぶいた。その強圧姿勢に恐れを抱いた幕府は阿部の意見に従い、ペリーからアメリカ大統領フィルモアの国書を受け取らざるを得なかった。その内容とは「開国と通商」であった。

その決定に対し、徳川斉昭を筆頭とする尊王攘夷派からは猛烈な反対運動が巻きおこった。それでも阿部の判断と決定は間違いではなかった。阿部には世界の流れ、時局を見る目があり、今、日本の防衛力から見てアメリカと戦端を開くことの無謀さをよく認識していたのだ。既に阿部は長崎に海軍操練所を開設し、全国の幕臣、藩士を問わず建議書を提出させ、下層御家人から抜擢した幕臣勝海舟を所長に据えた。

勝の海軍操練所は全国の各藩に門戸を開き、有能な人材を集めて近代海軍創設を試みるなど、その先見性は群を抜いていた。土佐勤皇党の坂本龍馬などもここで勝の知遇を得、その卓見を聞く中で、それまでの攘夷論という偏狭な考え方を捨て、世界とは何たるかを知り、国際人として広く視野を広げる端緒をつかんでいる。

また阿部はそれまで幕府が嫌っていた蘭学者の意見を取り入れ、幕府の学問研究機関として蕃書調所を開設し、最新の西欧情勢の情報収集・分析を行う中で、日本の近代化を図ろうと模索していた。また近代科学に精通していた佐久間象山も、国際情勢に通じていたから阿部の判断を熱烈に支持している。象山はペリー来航の翌日の６月４日には早くも信州松代から浦賀沖に駆け付けアメリカ艦隊を見学する中で「仮に日本が戦端を開いていたなら、ペリー艦隊にあっけなく敗れ去るところであった」と予測している。

事実、戦端が開かれていたなら後日の長州攘夷戦争と同じく日本は敗北し、ほかの西欧列強に付け込まれ、清国の例にみられるように租界を造られ、あるいは植民地化される恐れがあった。象山は近代化された欧米の軍事力の強大さを知り抜いていたのである。

ところがこの頃幕府の支配体制には亀裂が入っており、従来の5万石前後の譜代大名による合議制政治から、従来は政治に関与できなかった石高の大きい親藩、有力な外様大名が幕政に関与するようになった。それに加えて、従来は政治に関与することを禁じられていた朝廷が公然と幕政に容喙するようになってきたのである。

この発端は難解な外交問題に対して、幕府が有力大名に意見を聞いたことから始まるが、これらは明らかに幕藩体制のほころびである。その結果、幕府発足以来の正当な老中を中心とする幕政執行部に対して水戸斉昭の実子一橋慶喜を擁立しようとする一派、松平春嶽ほか有力大名の介在は幕政執行に不一致を見せるようになった。

特にペリー来航以来、引き続いて通商条約締結を迫ってきたイギリス、フランス、ドイツ、ロシアなど西欧列強の介入に日本は一致団結して対峙すべき時であった。それが国内では力をつけた朝廷の勅許を盾にする一派、四賢侯と称する実力藩主の幕政への介入も相まって、政治は混乱状態に陥ったのだ。

このような情勢下で、関門海峡という海上交通の要衝を抱えている長州藩周辺には外国船が頻繁に出没し、それらへの対応に神経を尖らせざるを得ないことから、同藩は関東、東北の諸藩よりも海防にははるかに関心を強めることになったのである。

この為長州藩は幕府には秘密にする形で防衛力強化には意を注ぎ、幕末には薩摩と並ぶ軍事力を有するに至っていたのである。この頃長州藩では『国是三策』という政策にみられるように、表面上はあくまで幕府には柔順な姿勢を取っていたから、ひそかに武備の充実を図っているだけであったが、恐らく他日を期していたのであろう。

第3節　他藩の財政・経済改革──横井小楠・佐久間象山

この頃財政再建、経済振興策を考えていたのは長州藩だけではない。幕末の四賢侯と呼ばれる薩摩の島津斉彬、小藩ながら宇和島の伊達宗城、外様ながら肥前の鍋島閑叟、徳川家門筆頭の越前の松平春嶽などが、行き詰まる藩の財政再建に向けて、有能な人材を抜擢し、懸命にその改革に向け努力を傾注している最中であった。

幕末、財政再建に成功し、倒幕の原動力になったのはほとんどが西国雄藩であった。そこでここでは崩壊しつつある徳川方で財政改革に成功し、かつ徳川慶喜を擁護しつつ、一方では新政府でも枢要な地位に就いた越前福井藩松平春嶽の政治改革に触れてみる。そしてその深い信頼を得て、政治顧問として財政再建を担った横井小楠という肥後藩出身の儒学者とはどのような人物であったのか、また彼は坂本龍馬、高杉晋作といった攘夷派をも開眼させるほど強い影響力をも併せ持っている開明派であり儒学者であった。そこでその改革の内容を分析してみることとする。

福井藩の財政再建を行い、さらには財政に強い由利公正ら有能な藩士を育成して産業振興政策を実行に移し、維新後は幕府の有力大名松平春嶽を支えながら、明治新政府においても重要な役割を果たした男がいる。その名は横井小楠と言い、文化6（1809）年肥後城下に家禄150石、中堅藩士父時直、母かずの次男として生まれた。文化13（1816）年、優秀さを認められ8歳の時藩校時習館に入学する。

天保10（1839）年、藩命により江戸に留学。そこでは有能な幕臣川路聖謨や水戸藩士藤田東湖等と交流を深め、広く国際情勢を学ぶ機会を得る。このため小楠は日本も西欧文明を学び近代化を図らなければ激動する国際社会に伍していけないことを実感する。帰藩後、酒の席で仲間と喧嘩になり自宅謹慎を仰せ付けられるが、その間朱子学研究に没頭、学識を高めるが肥後藩では重く用いられることはなかった。

嘉永5（1852）年、肥後藩士であるが、横井の学識を高く評価した越前藩主松平春嶽の要請により越前に招かれ同藩の財政改革に助言し、その内容を改革案『学校』と銘打ち春嶽に奉呈する。嘉永6（1853）年には『文武一途の説』が春嶽に認められ、安政5（1858）年、福井に赴き藩校明道館で藩士に『国是三論』の講義を行う。

春嶽は横井の有能さを認め、正式に肥後藩に丁重に申し入れの上越前藩に招聘する。同年11月には横井は同地を訪れた吉田松陰と知り合い、学識を認め合い交流を深めるが、感動した松陰は弟子高杉晋作が関東刺戟行に出かけた際、横井に会うよう勧めた。その頃晋作はまだ急激な攘夷派であったが、同時期佐久間象山とも知己を得、その近代科学思想に共鳴する。柔軟な頭脳の晋作には上海留学を前に、すでに開国思想の下地ができていたのだろう。

文久2（1862）年、小楠は徳川幕府の政治総裁職に就いた春嶽の助言者として幕政改革に携わ

り、幕府への政策建白書『国是七条』を起草するが、その内容は、
1　疲弊した諸藩の財政救済としての参勤交代制度の廃止。
2　これから到来するであろう外国船への対応策としての幕府海軍の設立。
3　門閥にこだわらない幕臣、藩士など有能な人材の登用。
などである。

この提言は前節で述べたように、改革派老中阿部正弘を動かし、下級御家人勝海舟が登用され、長崎海軍操練所設立につながるなどいずれの提言も実現されている。

また横井の持論として鎖国政策、行き詰まった幕藩体制を打破し、新しい国家像と社会の構想を公共と交易の立場から模索することを提案する。その為には『講習試論』と言った身分を超えての討議を行い、その結果を政治運営の要とする。坂本龍馬はこの学説に感銘を受け、以後長年にわたって政治指針とし、龍馬が策定した『船中八策』なども横井の影響力を受けて書いたといわれる。また欧米列強の脅威を取り除くには海軍増強に力を注ぐべきだとして、小楠は龍馬の進路を決定している。

また横井小楠の越前藩藩政改革としては、政治の要諦を『経国在民』すなわち経済を発展させ民を富ませることにある、という考えから「外国と積極的に貿易を行い、内にあっては殖産興業を図ることにある」とする。その方途として、「まず長崎や箱館（明治以降函館に改名）のみならず、ほかにも数港を開港させ、そこを拠点に外国貿易を活性化させるべきである。そして農民には特産品を生産させるが、その製品を商人に売り捌かせ、富を独占させるのではなく、藩が直接買い上げることに

よって殖産の道を開くことで民を富ませる」という開明思想の持ち主であった（この政策は長州藩の殖産興業にも共通する）。

この政策はやがて小楠の教育を受けた家老中根雪江、藩士由利公正らによって実現され、藩政改革として実を結ぶことになる。

更には「貿易は受け身の態勢ではなく、日本から海外に販路を拡張する積極策を取るべきである」という気宇壮大な構想を『国是三論』として春嶽に提言している。このような小楠も最初は藤田東湖の影響を受け、過激な水戸学に傾倒し、攘夷論に染まっている時期もあったが、ほどなく「道理を極めることなく、小手先の対応策に溺れている」と攘夷論の視野の狭さを喝破するに及び、近代科学思想に脱皮してゆく。

小楠は『海国図誌』などから海外情報を吸収することにより、西欧列強の偉大さを知り、攘夷論から思想の転換を図っていくのである。前述のようにこの時期、松陰の紹介で福井を訪れていた高杉晋作も佐久間象山や横井小楠に会い、その頃は未だ攘夷論に固まっていたが、その思考の柔軟性から開国、海外雄飛の考えもその頭脳にしみこませていったのだろう。その開国論は上海遊学ではっきり思想転換するのである。この意味で横井が長州藩に大きな影響力を持つ晋作を開眼させたことは、大きく時代を転換させたことになる。

勝海舟は、この時代の先覚者佐久間象山と横井小楠を比較して「2人ともすぐれた学者ではあるが、象山は大向こうをうならせる力はあっても、学説の正確さ、緻密さと実用性においては横井の方がはるかに優れている」と横井の方を高く評価している。

横井の考え方は殖産興業振興策であり、長州藩の長井雅樂（航海遠略説 開国論・海外発展による貿易振興と公武合体論）、佐久間象山の科学力重視と、3人とも幕末にあっては優れた先見性と時代認識において衆にすぐれた学者であったが、3人とも早すぎた思想ゆえ、時代に受け入れられず、過激な攘夷派によって横死という憂き目にあっている。

横井、佐久間、長井ら時代の先端を行く学者に共通するのは、いずれも海外からの最新情報を取り入れ、欧米列強及びロシアからの侵略に対する危機感から発している。その原点となっているのが早くも寛政年間（1789〜1801）において、仙台藩の学者林子平の著した『三国通覧図説』『海国兵談』に触発されてのことである。それは18世紀後半、ロシアがシベリア進出後、清国北東部を侵略し、樺太、千島迄南下して、日本の領土である蝦夷地を狙う気配を見せていたからである。

林子平は寛政年間、すでに海防論を唱え国民に危機感を訴えているが、その要旨は、「昨今、西欧列強やロシアが日本を侵略せんとして虎視眈々と狙っている。そのため、わが日本を守るには強力な中央集権国家を創設し、海軍を振興させなければならない。その場合、日本を防衛するのは将軍や大名、武士だけの責務ではなく、貧富にかかわらず、学者であろうと農民であろうと国民すべての任務である。それには国民すべてが国際情勢を把握しておかねばならない」と警告を発した。

この為、旧弊から抜け出せない保守政治家の幕府筆頭老中の松平定信は「徳川幕府体制を維持するには鎖国政策とともに、士農工商の身分社会を厳守しなければならない」として、時代の先駆者林子平の開明論を危険思想とみなして弾圧したのである。

　時代は下るが海外情勢に強い関心を持っていた佐久間象山は『急務十条』を開明派老中阿部正弘に提出したがその中で「洋艦の建造、洋砲の鋳造、洋式海軍の編制・訓練を行うべきだ。それも（軍艦）購入ではなくて、我が国で自ら建造しなければならない。それには俊才数十名を外国に派遣して、軍艦や大砲を作る技術を修得せしめねばならない」と説いたが幕府には受け入れられなかった。だが柔軟で鋭敏な頭脳の持ち主である坂本龍馬、高杉晋作、由利公正らは横井小楠の先見性・洞察力を吸収し、それぞれの立場で後の政治に生かしている。

　また、越前にあって横井の薫陶を受け、危機状態にあった藩財政を再建させ、殖産興業政策推進により藩を立ち直らせたのは由利公正であった。由利公正が兵器製造方として勤務していた頃の越前藩は他藩と同じく巨額の赤字財政に悩まされていた。由利は安政５（１８５８）年、藩専売品の振興と、それを交易に結び付ける為の方途を藩の執政中根雪江に建言し、受け入れられた。その再建策とは小楠の殖産興業政策としての藩特産物の生産・販売を商人に任せず、藩直営事業として実施に移し、利潤を上げ藩庫を潤す政策である。尤もこの手法については、越前藩のみならず長州藩ほかの諸藩でも、藩政改革の一環として行っていることではある。

　ところで由利公正の場合は生産品販売を国内だけでなく、海外にまで売り捌くべく藩の許可を得て横浜に商館を建設する構想を提言した。ところがこの計画には莫大な財源を要し、インフレを招き赤字を生みかねない、として藩首脳部から猛烈な反対論が巻き起こった。これに対し由利公正は、藩札を発行することによって産業振興資金を調達し、財源を賄うことで事業を成功させ、膨大な赤字を解消したのである。

この産業振興政策はその後、藩財政を大いに潤すことができ、春嶽の新政府における政治活動と由利の財政活動をも支えたのだ。こうして関東・東北の佐幕派諸藩が米穀経済の行き詰まりにより財政窮乏にあえぐ中、越前藩は西南諸藩と並んで財政再建・産業振興に成功したのである。

第4章　長州藩軍政と大村益次郎

これまで国際情勢や長州藩の初期の財政兵制改革、高杉晋作の活動ぶりに紙幅を費やしてきたが、ここで本編の主人公である大村益次郎（村田蔵六）の登場となる。

幕府からの圧力、それに迎合する藩内保守派俗論党の政権掌握により、まさに倒壊の危機にあった長州藩を四民平等の軍隊奇兵隊を創設することにより、俗論党政権を倒し、次いで藩論を倒幕にまとめ上げ、四境戦争では機略と巧妙な作戦とをもって、十数倍の幕府軍を打倒した高杉晋作。

それに対して町医者から蘭学を学び、更には明晰な頭脳と時代を見抜く先見性をもって宇和島藩の伊達宗城に招かれ西洋兵学を探求し、やがて幕府最高の学問所蕃書調所の教官となる。その後、桂小五郎にその学識を見出され、その紹介で出身地長州藩に招聘され、藩軍事官僚として近代化された長州正規軍を創設した大村益次郎。

この二人無くして長州の倒幕は成し遂げられなかったであろう。そこでここからは長州正規軍の樹立と兵制改革、洋式化、軍の組織化などその後明治陸軍の原型となる、近代化された軍隊の基礎を形成した大村益次郎について取り上げてみることにする。

第1節　大村益次郎　西洋医学の途へ

大村益次郎という男は偉大な軍事官僚ではあるが、医者であることを差し引いても、およそ通常考える軍人とは縁が遠い人種である。学者肌で学問も基礎からじっくり学んでいくタイプであり、何事にも慎重で有能ではあったが、不愛想でとっつきにくいところから、人望には欠けるところがあったといわれる。益次郎は人と融合する人間ではないが、晋作が破天荒で、融通無碍でいながら人望があっても組織には収まらないタイプとするなら、やはり益次郎は実務型の組織人であったといえよう。

大村益次郎（村田蔵六）は文政８（１８２５）年（文政7年という説もある）。5月3日、周防国（山口県）吉敷郡に村田孝益、母むめの長男として生まれた。同家は歴代村で医業を営んでいたが、益次郎18歳の時周防三田尻の蘭方医梅田幽斎に医学を学んだ。

江戸時代後期の長州は全国でも岡山、長野に次ぎ私塾の最も盛んな地域であったという。江戸時代漢医学教育の基本は『四書五経』『戦国策』『史記』『本草学』の順であり、最後に蘭学の『解体新書』が出てくる。医学に限らず、この教育熱心さが長州発展・近代化成功の基礎となったのだろう。

やがて彼は師からその明晰な頭脳を見込まれ、学問の基礎である漢学の素養を身に付けさせるため、天保14年（１８４３）19歳の時、咸宜園を経営していた広瀬淡窓を紹介された。広瀬はその頃門下生は3000人を超えるといわれ、九州随一の漢学者と謳われていた。益次郎はここでも語学の才能を発揮し、入門間もなく首席の座に就いたのである。余程優れていたのであろう。咸宜園での授業は充実しており、そのカリキュラムの主な内容は、

素読　初心者用　漢学の基礎である四書五経をテキストにして行う。

輪読　書籍を決めて毎日輪番でこれを音読する。誤読があれば指摘した者が代わる。

輪講　出席者が皆に順次テキストの内容を講義する。3周して終了する。

会講　淡窓が3日間にわたって講義した書物をテキストとして、10名から12名のグループで討議を行う。

試業　月2回　制限時間内で示された文字を書く。

このほかにも上級コースに進むにつれ、各種の分野があるが長くなるので割愛する。咸宜園では塾生は塾に寄宿することが原則で、飲食、出入り、塾外の人間との交際など生活には細かい規則があった。益次郎はここでも優秀な成績を修め、充実した勉学生活を送っており漢学の素養は身に付けたが、本来は医者である為近代医学を身に付けたいと考えた。近代医学に必要不可欠な条件はこれ以前から蘭学とされてきた。そこで蘭学を学ぶため弘化3（1846）年、師淡窓に紹介され、22歳の時、大坂の緒方洪庵が開校した適塾へ入門することになった。適塾は天保9年、洪庵29歳の時大坂に開塾。

第2節　適塾への入門

緒方洪庵はその頃日本一の蘭学者で、適塾には福沢諭吉、佐野常民、大鳥圭介、箕作秋坪、長与専斎など後年政府や民間言論界、日本赤十字社、医学会、公衆衛生学など各分野で先駆者として明治日本を背負って立つ逸材が雲集していた。そのような全国各地から集まった頭脳集団の中で村田蔵六（紛らわしいので本書では大村益次郎で通す）はすぐに最高クラスに選抜されたのだから、余程優れていたのだろう。

さて適塾の教育システムであるが、等級制を取っており、10等級制であったと思われる。塾は最上級生である「塾頭」がこれを統べ、その下に「塾監」が置かれていた。無級から始まる適塾の入門者は、語学教育の基礎として文法と漢文を学ぶ。テキストは『和蘭文典前編』と『和蘭文典後編　成句論』として、箕作阮甫によって既に翻訳・出版されていたが、適塾では原書による語学教育が行われていた。上記2冊の書籍について素読、講釈、会読を行うのである。次に各級に応じて適塾所蔵のオランダ原書の解読が始まる。

このような各級の解読等を通じて上級クラスに進むのであるが、適塾では全国から集まった俊才が勉学に励む中でも緻密さ、読解力にかけては益次郎の右に出る塾生はいなかった。学友に対し、辛辣な批評をする福沢諭吉でさえ読解力ではかなわず、益次郎には頭が上がらなかったといわれる。また高慢な福沢は生涯益次郎とは相入れなかった。

会読には漢学で行われたが、上級コースになるとオランダの原書が持ち入れられた。それに不可欠な蘭和辞典は非常に貴重であり、適塾にさえ写本が一冊あるのみであった。『ジーフハルマ』（『ゾーフ辞書』）である。塾生は一冊しかないこの本を読む為に列をなしていたという。やはり西洋医学に触れると若い塾生には大いに知識欲がかきたてられたのであろう。この頃塾生の平均年齢は23歳であったという。年齢が高いのはすでに各地の藩校などで研鑽を積んでから入門したからだろう。

この頃の益次郎には「村田は精魂を尽くして学び、時に夜を徹して書を読むことを怠らず」という関係者の証言があることからその生活ぶりがうかがえる。益次郎は、師洪庵の教授や書籍で蘭学の研鑽を積めば積むほど、蘭学の聖地長崎において実地に研鑽を積みたいと希求するようになった。そこで師洪庵に頼み込み、洪庵の紹介で我が国西洋医学の最先端地長崎に留学することになった。性格として益次郎は机上だけでなく実地において研究しないと済まないのである。

勇躍長崎に赴いた益次郎は、適塾出身の先輩奥山静寂のところでオランダ医師から実地教育を受けるなど医学と蘭学の実務を徹底して学んだ。ところが探求心が強い益次郎はそれだけでは飽き足らず、長崎で西欧兵学など諸科学に触れると、それらの研究にも関心を寄せ始めたのである。

その後1年して西洋医学の実地研修を終え、適塾に戻った益次郎はその実力を買われ塾頭に選ばれるが、ここでも医学書のみならず、長崎で仕入れてきた西洋の兵学書、戦略論、砲術学の書物にまで読みふけり西欧科学・兵学の幅を広げていった。24歳。

その才能を高く評価した洪庵の要請で、益次郎は適塾の後継者候補に推挙されることになった。塾頭になった益次郎は自分が研鑽を積むだけでなく、人に教えることにも強い関心を寄せていたのである。後年、長州藩で兵学教育に情熱を燃やした萌芽が早くも表れたのであろう。そこで益次郎は、適塾でもこれまで学んだ知識を余すことなく若い後輩に伝達すべく大いに情熱を燃やし、塾頭としてもその責務にも没頭していた。

その中には「長州人の久坂玄機（玄瑞の兄）がいた。非常な秀才で長州随一という呼び声が高かった。吉田松陰をして「玄機はその志たるや玄瑞と比較しても非常に優れている」（竹本知行『全国を以て一大刀と為す　大村益次郎』ミネルヴァ書房）。と言わしめるほど気骨の人であった。蘭学を学び、実家が医科であるので蘭方医学も学んでいた（なお松下村塾の門下生であったかどうかは不明である）。

玄機はやはり（益次郎と同じく）塾頭にまでなっている。「彼は家業である医学の修行のため各地を遊学していたのであるが、外国船の来航にさらされた時代の空気の中で、入門後ほどなく兵学研究へとその軸足を移していった。長州藩における翻訳兵書の嚆矢『演砲法律』は適塾に入門してすぐの弘化4年中の玄機の業績である」（前掲『大村益次郎』）。兄弟ともに余程優良明晰な頭脳を有していたのだろう。残念なことに歴史に刻まれるようなその後の活動ぶりについては知られていない。

第3節　宇和島への招聘

ところが最も充実し学問研究の大事な時期に、郷里の父から帰京するよう命令が来たのである。父からは「自分も流石に年老いたから医院を続けることは困難になった。折角学んだ蘭学の知識を活かし自分の跡を継ぎ、郷里に貢献せよ」という伝言である。流石の益次郎も父の命令には逆らえず、心ならずも周防に帰り医院を次いで開業医となる決意をした。26歳。

だが郷里に帰り開業はしてみたが、生来の不愛想な性格が災いして医院は一向にはやらず、せっかくの蘭学の知識も無用の長物であった。村民には従来の漢方医学の方が信用が置けると思ったのであろう。また性格を表す言葉としてこんな逸話がある。ある人が夏の日に先生を訪ねて「お暑うございます」と言った。すると益次郎は「夏だから暑いのはあたり前です」と言葉を返したという。これでは身もふたもない。したがって医院ははやらず、益次郎は暇を持て余していた。

そのような益次郎でも縁あって嘉永5年正月、28歳の時妻を迎えている。妻はこと（琴）といい同村の農民高実半左衛門の長女で18歳であった。益次郎は共に過ごすことは少なかったが、この妻を生涯愛している。同時に暇を持て余していた益次郎にとっては願ってもない話が持ち込まれた。

彼の学力の高さと適塾での名声を聞きつけた名君の誉れ高く、幕末四賢侯の一人と言われた宇和島藩（仙台伊達家の支藩）の伊達宗城から藩の近代化、洋式化を推進する候補として100石取り待遇（異説もある）として招聘されたのである。父もせっかく自分の後継として呼び戻してはみたが、とてもこの性格では開業医には向かないとみてやむなく宇和島行きを許した。29歳であった。

宇和島に入った益次郎は、まずシーボルトの高弟で開業医として活躍していた二宮敬作を訪ねた。後にシーボルト事件に連座し、江戸立入禁止、長崎退去となる名医である。また敬作は幕府から追われていた高野長英をかくまうなど気骨の男でもある。

ところが益次郎の宇和島行きには異説もあり、要約すると（前掲　竹本知行『大村益次郎』ミネルヴァ書房）伊達侯に招かれたのではなく自ら罷り越し、大野某から面接と「藩からは益次郎の蘭学知識の程度を試験すべく航海術の蘭書の翻訳を命じられた。適塾の塾頭を務めたほどの良庵（益次郎）である。結果は上々で、大野は良庵を嘉永2年の春頃に宇和島を去った高野長英の後継として、藩に止めおきたいと考えたのである」。大野は益次郎の滞在費として藩に対し願い出ているが、それによると藩からは2人扶持、年10両の沙汰であり、益次郎にはこのような待遇に不満があったといわれる。

その結果「村田良庵（益次郎）については昨年冬以降、当地に滞留させ蘭書の翻訳などにあたらせており、扶持米や雑用金を下付してきた。近々妻も来るということであり、これまでの待遇は取りやめ、新たに雑用金として米6俵を下付するものである。一層精勤に励み、また門人の取り立ても依頼したい旨大野昌三郎に申し聞かす」（藍山公記）。通説では宗城が直接呼び寄せたことになっているが、実際にはこのような経過を踏んで宇和島藩雇になったというのが正確であろうか。

安政２（１８５５）年1月、二宮敬作が後見人となっていたシーボルトの娘イネが益次郎家に入門する。31歳。

第４節　宇和島での兵学研究

この頃、宇和島藩では開明派藩主宗城が長崎から兵学書、医学書、西洋の科学書など各種の分野の書籍を取り寄せ、懸命に藩の近代化に取り組んでいたが、同じく肥前鍋島藩の前藩主閑叟（直正）も、率先して藩近代化に取り組んでいた。この２人は競い合いながらも、宗城の正室猶姫が鍋島直正の姉という姻戚関係にあったから、伊達家は鍋島家を通じて先進地長崎からの最新情報を仕入れて藩政に活かす、という緊密な関係にもあった。佐賀の鍋島閑叟は西欧科学に非常な興味を持ち、自ら先頭に立ち初の国産溶鉱炉建設、それに伴う大砲や銃器の製造、兵制の改革など藩の近代化、洋式化には人一倍力を入れ、他藩を一歩リードしていた。

それだけに宗城のライバル意識も強烈であり、藩政改革では何としても閑叟に負けたくはなかった。宗城については外国人の評価も高い。イギリス在日公使館の通訳で、のち外交官として活躍したアーネスト・サトウは、その著書の中で、

「将軍の後継者には紀州家の若君（慶福）が選ばれた。水戸の前藩主とその同志の有力諸侯、すなわち越前、尾張、土佐、薩摩、それに四国にある小領地にはもったいないほど有能な伊達は、一橋家の養子になっていた水戸の若君（慶喜）を将軍の後継者にしたいと望んでいた」（アーネスト・サトウ

著　坂田精一訳『一外交官の見た明治維新』。

また英国外交官のリーズテイルもその著書の中で「薩摩の島津三郎、宇和島の伊達宗城、それから容堂と、全て隠居であるがそれぞれ自分の藩での事実上の統治権力を保っていたのであった」(『英国外交官の見た幕末維新』)。

また前述のイギリス公使館通訳のアーネスト・サトウが宇和島を訪問し、宗城に面会した際、宗城はサトウが著述した『英国策論』を読破したと自慢したそうであり、事実宗城は西欧の近代科学に関する書籍購入には惜しみなく金をつぎ込んでいる。西欧の科学にはかなり研究熱心であったのだろう。

またリーズテイル、サトウとも宗城には高い評価を下している。事実、宗城の学識は高く、惜しむらくは宗城が四国の最果てという辺境の小藩ではなく、大藩の出身であったなら、恐らく中央政界において時代を動かす存在になっていたであろう。

幕末において藩政改革に成功し、近代化を成し遂げた藩としては薩摩藩、宇和島藩、長州藩など西国諸藩と、佐幕派では越前藩などが有名である。だが前藩主閑叟の保守的な性格から中央政界の舞台には、はなばなしく登場することはなかったが、実際に最も軍事力の近代化が進んでいたのは佐賀鍋島藩である。幕末において最新式機関砲アームストロング砲を所持していたのは鍋島藩だけであり、同じく近代化が進んでいたのは佐幕派で機関砲ガトリング砲を有し、武力中立を掲げ戊辰戦争において新政府軍を苦しめぬいた、英明な家老河合継之助率いる越後長岡藩のみであった。

以上幕末諸藩の動向を見てきたが、宗城が藩近代化に邁進するといっても一歩先を行く佐賀鍋島藩に科学力で勝つには、近代科学に精通した人材が必要である。だがそのような人材は藩内にはおらず、また小藩の家中から即席で育成はできない。そこで宗城はすぐにでも近代科学に精通した人材を渇望していたのである。

嘉永７（１８５４）年1月、正式に宇和島藩雇になった益次郎は、エネルギッシュに仕事に精励するが、その仕事ぶりは宗城の期待以上であった。その褒美として藩主からその頃は非常な貴重品であった鉛筆を拝領している。益次郎に期待されたのも医師ではなく科学者としての役割である（なお嘉永7年、村田蔵六と改名しているがややこしいので以後も大村益次郎で通す）。なお、この頃弟子の二宮敬作も、彼が後見人となって養育してきたオランダ医師フォン・シーボルトの娘イネを伴い宇和島に到着し、益次郎のところへ身を寄せている。

ところで藩主宗城は先見性に優れ、早くから高野長英ら蘭学者を招くなど、近代科学に精通しており強い関心を持っていたから、藩の財力を惜しみなく注ぎ込み、長崎から西洋兵学の書籍を取り寄せていた。この恵まれた環境の中で益次郎は喜び寝る間も惜しみ書庫に閉じこもり、勉学にこれ努めることにした。

宇和島での研究生活は、益次郎にとっては西洋兵学に触れるまたとない機会であった。後年、益次郎が西洋の近代兵学、戦略・戦術論だけでなく、散兵術、築城術、弾道論といった個別の西洋兵学までマスターできた要因は、咸宜園での漢学、適塾での医学を中心とした読解力など基礎学問の蓄積があったからであり、これが宇和島での兵学全般の学術研究の成果となって表れたのであろう。

第5節　初の国産蒸気船建造

益次郎は洋書、特に兵学に関する研究に余念がなかった頃、宇和島藩では嘉永6（1853）年9月、幕府から大船建造禁止令が解かれたのを機に大船建造計画の研究が始まった。宗城は自藩での建造は未だ困難なので、薩摩の島津斉彬に研究を依頼したり、幕府に建造許可を願い出たりと建造準備に余念がなかった。

宗城は何としても宇和島藩独自で洋式蒸気船の建造を成し遂げたかったのだ。そこで西洋の学問研究に没頭している益次郎に白羽の矢が立ったのである。

「同年8月17日、宇和島藩から願い出ていた長崎におけるオランダ人からの軍艦建造・乗前伝習に対し幕許が出た」（前掲　竹本知行『大村益次郎』）。

これを受けて益次郎、二宮敬作ほか藩士数名に長崎への出張命令が出された。長崎にはちょうどオランダ海軍のスンピン号が停泊しており、幕府に航海術などを教導することを願い出ていた。オランダ政府とすれば、有力な競争相手であるイギリスが日本に触手を伸ばそうとしていることを知り、長年の友好国である日本に便宜を図ろうとしていたのであろう。

益次郎は困惑した。医学と蘭学の分野については精通し、西洋兵学についても戦略には若干自信があるが、蒸気船を建造せよ、と言われても機械工学についてては経験どころか知識さえ全くない。だが信頼する藩主の命令であり、嫌とは言えない。それに益次郎は生来探求心旺盛であり、未知の分野である蒸気船建造についても、是非とも手掛けてみたいという欲望にも駆られた。そこで城の書庫に所蔵されている造船工学に関する書籍を片端から読破するなど、昼夜を分かたず研究に没頭した。

そのうち益次郎は、蒸気機関の構造と船舶建造の基礎知識は緻密な頭脳をもって何とか身に付けることができた。そこで嘉永7年3月、益次郎は軍艦の雛型の設計図作成に取り掛かることにしたのだ。苦難の末益次郎は船舶の設計図を完成させることができたが、果たしてこれが机上だけの作品だけでなく、実際に近代蒸気船として通用するのか否かが課題として浮かび上がってきたのだ。

それに蒸気船建造には設計図通りに建造できる技術者が必要である。そこで実地に造船技術を習得すべく、蒸気船建造を行っている長崎に赴くことにした。同行者は蘭学に強い弟子の二宮敬作、及び実際に建造にかかるとした場合に備え、船大工を連れていくことにした。

ここで益次郎にとって幸運であったことは、からくり（機械）に強く、造船にかけては天才肌の技術を持つ、船大工の嘉蔵という男が益次郎の前に現れたのである。蒸気船建造という新しい技術に興味を持った嘉蔵は、益次郎ら一行が蒸気船を造る為長崎に行く、と聞いて是非同行させてくれと頼み込んできたのだ。益次郎はこれまでに製造した嘉蔵の船舶に関する製品を検分し、実際にその技術を確かめる中で、彼が確かな技術を持っていることを確認した。

準備万端用意を調えた益次郎一行は、藩主宗城に見送られて宇和島を出発し、長崎に到着した。そこでは実地に近代造船学を研究するとともに、船舶建造の技術を有するオランダ商館員クルチュースに建造の技術を学ぼうという考えであった。

益次郎から蒸気船建造の話を聞いたクルチュースは、西洋造船学の基礎知識もない日本人に、西洋式船舶の建造などとてもできないだろうと見くびっていた。ところが益次郎から宇和島において彼が作成した設計図を見せられ、その精密さに驚嘆した。そこで彼は益次郎なら自分の手で蒸気船も建造可能だろうと確信し、真剣に造船学を教えることにしたのだ。益次郎もクルチュースから熱を帯びた講義を聴きながら、実際にオランダ船に乗ってみてつぶさに西洋船舶の蒸気機関の構造、機能、運用方法を分析することができたのである。

宇和島藩自体も開明君主の影響下、藩士も科学技術には興味を抱いていたから、同行した藩士や嘉蔵をはじめとする船大工も辛苦の末、優れた能力で船舶構造を解明することに成功したのだ。彼らは実際にオランダ蒸気船を運転する中で役割分担に従い、その運用、機関の構造、内部の様子、航海技術などを熱心に学び、益次郎が学んだ造船設計書通りに、蒸気船を建造する方向性を見出す自信をつけていくことができたのである。

安政2（1855）年9月、長崎造船設計法、建造技術、蒸気船運用術を学んだ益次郎をはじめとする長崎留学組は帰藩後、総力を挙げて蒸気船の建造に取り組んだ。その結果、ペリー来航から2年後、わが国最初の国産による蒸気船の軍艦は完成を見たのである（前掲『大村益次郎』竹本知行による と、この軍艦はあくまで雛型であり、宗城の検分する中で試運転には成功したが、実用品ではないとされている)。

それまでわが国における蒸気船は薩摩藩、佐賀藩などで建造されてはいたが、これらは外国人技術者の助力を得て作られており、外国人の手を借りず、日本人のみの力によって建造された蒸気船はこれが初めてである。10月7日、宗城は喜び、建造にかかわった人々が賞された。総責任者梁川は銀5枚、実質責任者益次郎には金500疋、船大工嘉蔵には銀札がそれぞれ下賜されている。

第6節　宇和島での業績

その後藩主宗城の信任がより一層厚くなった益次郎は、今度は西洋砲術の研究に取り組むことになった。以前から宇和島藩では、高島流砲術の流れをくむ西洋砲術に取り組んでいたが、益次郎はより性能が高い西洋砲術を完成させる為、砲台建設に着手することになった。それが『樺崎砲台の考案・築造』である。これは幕府から追われ、宇和島に匿われていた高野長英が手掛け、長英が長崎に去った後の嘉永3年5月に完成している。そのあとを受けて益次郎が取り組んだのが樺崎砲台である。その詳細については前掲『大村益次郎』（竹本知行著）に詳細に出ているのでここでは割愛する。

蘭学教授

宇和島藩では洋学に強い興味を持つ英明な君主藩主宗城が、幕府への反逆者高野長英をかくまい、塾を開かせ藩士教育を行っていたが、彼が去った後益次郎が蘭学に強いことを知り、藩士にもそれを教え込む為、蘭学学問所を設けた。とにかく宇和島藩は佐賀藩と並び宗城の影響で教育レベルが高いのである。そして塾生も次第に増えるとともに益次郎の高弟二宮敬作や、彼が面倒を見ているシーボルトの日本人妻滝の娘イネなども、塾生として加わった。イネについては将来自立させることを考え、敬作は産科を選択させている。イネは蘭学は勿論のこと学問全体のレベルも高かったという。

蘭書翻訳

このほか益次郎は宗城から命じられて各種の蘭書の翻訳に従事するほか、自らも『海軍従卒練習規範』なる翻訳書を完成させ刊行させている。この書籍はオランダ海軍の１８４８年の制式兵書であり、西洋兵学の基本を説いており、益次郎はこれをもって国家の役に立ちたいという考えを表している。そして藩の書庫で集積されていた西洋式戦術論、造船学、築城術、用兵論、砲術等に関する西洋兵学の研究を行う傍ら、藩士にも暇を見つけては教授している。この時期の西洋兵学の基礎研究が、長州藩においても益次郎が将来大をなす基礎となっているのである。この意味で益次郎が宇和島藩で各種西洋兵学の基礎を学んだ意義は非常に大きい。

第7節　江戸への出府と鳩居堂開塾

安政3（1856）年1月12日、益次郎に藩主宗城の参勤交代に伴う江戸出府の随行と、以後は江戸藩邸にて勤務せよとの命令が下る。江戸はすでに人口100万人を数え、世界のトップクラスの繁栄を誇っていたイギリスの首都ロンドン、フランスの首都パリを抜き、人口では世界一の都であった。江戸は学問も盛んで、益次郎は宇和島藩邸別邸において私塾を開くことを許された。

益次郎が蘭学の大家であることは江戸でもすでに知れ渡っており、入門者が増加の一途をたどったので彼は藩の許可を得て、別邸から益次郎出世の糸口となる鳩居堂（現在の千代田区三番町）という私塾を開くことになった。鳩居堂は宇和島藩とは関係なく、あくまで益次郎の私塾であり、この為その後も全国の藩士が入塾している。最初の入門者は金沢藩士安達幸之助以下8名である。

教授内容は医学に関する書籍が主力で、適塾を参考にしている。鳩居堂は評判がよく開塾後3年間で140名を数えている。塾生の最大入門者は加賀藩29名、次いで長州藩15名であった。入門時に納入する束脩は金200疋。盆・暮の謝礼は一口50疋であった。

第8節　蕃書調所出仕

安政3（1856）年11月、幕府から宇和島藩に対し、益次郎を幕府の旗本・御家人の武術の教育訓練機関である講武所に出向させるよう下命があった。幕府においても余程その学力が知られていたのであろう。教授は剣術11名、槍術10名、砲術14名という構成である。同時に幕府最高の学問所である蕃書調所へも、教授手伝いとして兼任で出仕することになった。ここに益次郎という周防の田舎医者が正式に幕臣となったのである。

蕃書調所とは安政2（1855）年7月、流石に海防の重要性を考えた幕府が洋学研究機関として設立した最高学問機関である。諸藩から集められた教授陣の顔触れは箕作阮甫（津山藩）杉田成卿（小出藩）が教授陣、松木弘庵（寺島宗則・薩摩藩）ほか各藩から選抜された俊英7名が教授手伝いという錚々たる陣容であった。

安政4（1857）年1月、正式に開所式を行い191名の幕臣が入学した。翌年には幕臣のみならず、各藩から選抜された藩士も入学を許可されている。これが明治以降政府によって設立された東京大学（東京帝大　時期により名称変更）の前身であり、文字通り我が国の最高学府と言えるものであった。益次郎は正式に宇和島藩士としての身分で講武所兼蕃書調所に出仕することになった。

教授内容は「西洋事情の紹介や洋書の翻訳のみならず、広く訳書の出版並びに保存・検閲」（前掲『大村益次郎』竹本知行著）等であった。その中で益次郎は松木らとともに教授手伝い、という身分で勤務することになったのである。

このため益次郎は自らの私塾鳩居堂、講武所、蕃書調所の講義を兼務で行うことになり、寝る暇もないほど忙しい生活となった。特に鳩居堂での講義は私事である為、益次郎が蕃書調所へ出勤する前の早暁から行われ、弟子は争って出勤し、訳本を写し取り、講義に備えるなど寸刻を争う有様であった。遅くなると益次郎が講武所などに出かけてしまうからである。講義内容は時代の要請に合わせ、医学から西洋兵学や砲術研究に移っていった（村田峰次郎著『大村益次郎先生事績』）。

さて武技を修練する講武所の授業内容であるが、次第に洋式調錬など統一運動に重点が置かれるようになり、武器もゲベール銃に統一されつつあったが、上級武士からは銃器を扱うなどは足軽がすることとして集団訓練に対する反発が強く、教授陣は難渋したようだ。また講武所ではゲベール銃を用いた洋式軍事調錬をも行っているが幕臣には身が入らず、益次郎は厳しい評価をしており、これが原因で後年第二次征長戦争時、慶喜自慢の幕府軍洋式歩兵部隊は機能しなかったことが窺える。

講武所、蕃書調所での益次郎の勤務ぶりは精励恪勤で、このことは幕府の記録に残されている。このような情勢下、日本を取り巻く国際情勢は厳しくなる一方で、特にアヘン戦争以降の清国に対するイギリスの態度は強圧的で、賠償金支払いの督促などは厳しく国際都市上海を中心に租界も造られつつあった。また西欧列強もこれに便乗している有様であった。

これらはオランダ経由の情報として日本にも入っており、幕府は危機感を募らせつつあった。そこで開明派筆頭の老中首座阿部正弘が中心になって海防に力を入れることになり、最重点地区として首都防衛の第一線である江戸湾に、砲台を設置するためのお台場を造成することになった。

そこで幕府は砲術研究の第一人者、江川太郎左衛門英龍に命じてお台場設置など海防体制の充実を図ったのである。だが緊迫する国際情勢を考えると、すでに水戸藩沖など日本近辺にロシア船など外国船が出没しており、江戸湾のみに砲台を設置しても始まらない。ここに日本国全体を統括できない封建制国家の幕府の苦悩が存在したのである。

一方、益次郎にとっては講武所での軍事訓練、幕府が取り寄せた蕃書調所での最新の西洋兵書を読むことができ、研究に大いに役立てていることが次の文書から窺える。

「先生は天性理解力に長じた人で、読書翻訳とも余程優れておられました。講武所における兵書翻訳の如きは先生が参られてから俄に面目を一新した次第であります。新規舶来の原書の難文も先生の前に行けばいつも容易に解釈せられ、如何にも感心な学才を持っておられました」（村田峰次郎著『大村益次郎先生事績』）。

第5章　益次郎長州へ

第1節　桂小五郎との邂逅

安政4（1857）年、益次郎は講武所教授に昇格。『歩兵教練書』を翻訳する。33歳。幕府が西洋兵学の研究を進めている頃、早くから藩近代化を考究していた西南の雄藩長州藩でも西洋兵学の研究には藩を挙げて取り組んでいた。その一つがのち外交官になる青木周蔵の父、周佑主催による時局に関する研究会である。

この会には坪井信道、桂小五郎、蕃書調所からも益次郎、手塚律蔵など一流の学者も参加し、主に蘭学者が中心であったが、剣客斎藤弥九郎道場の師範代を務める剣豪桂の参加は異色であった。桂は国際情勢や軍事制度に関する情報に強く、外交手腕に優れ、藩の政治・外交方針の決定には欠かせない人材に育っていた。

安政5（1858）年12月3日、益次郎は藩の研究会で知己となった桂の勧誘により出身地長州に帰るべく、故郷の父親が病気になり、その看病をするということで、休暇を宇和島藩江戸藩邸並びに蕃書調所に願い出て許可された。

帰郷後益次郎は萩を訪れ、青木、桂と再会している。益次郎の洋式兵学に関する実力を高く評価している桂は、彼に帰郷して長州藩に出仕するよう強く勧めたのである。この頃桂は京において長州藩を代表する外交の花形として活躍していた。桂は各藩の勤皇派藩士と交わる中で、国際情勢とそれに対応する各藩の動向、軍事力、経済力などについてその実力を調べ上げ、知悉していたのである。

その動向を把握した桂は長州藩を強固にするため、益次郎を何としても長州藩に出仕させたかった。先見性のある桂はやがて倒幕の道を進むことになるであろう長州藩が、現在のような計画性のない旧態依然とした軍備では、いまだ強い力を持つ幕府には到底勝てないという危機感を持っていた。攘夷派と言われる人々は談論風発はするが皆合理性に乏しく、将来を展望した計画性がない。この時点では長州藩は過激な攘夷思想は持っているが肝心の科学技術、兵学、軍事力は薩摩藩、佐賀藩に、学術研究では宇和島藩などには遠く及ばない状況下にあった。

幸い長州藩には殖産興業政策で生み出した豊富な財源がある。桂はそれを基盤に藩近代化・兵制改革を行うことを考えぬいた。それには西洋兵学に通暁し、実施に移す計画性と、将来に向けての明確なビジョンを持っている男でないとできない。近い将来の倒幕、あるいは更に進んで、パワーポリテックスを信条とする西欧列強の軍事力に対抗可能な近代陸軍は創設できないと考えたのである。そしてそれが実現できるのは桂が見る限り益次郎を置いてほかになかった。

桂小五郎と大村益次郎が知り合い、すぐに双方の能力と実力を理解し、肝胆相照らす仲となったのは実にこの時からである。以後２人は生涯にわたって協力し合い、禁門の変で桂が幕府の追及の手を逃れて1年半にも及ぶ長期間但馬の出石に潜伏中も、長州藩で唯一連絡を取り合っていたのは益次郎のみである。また戊辰戦争から明治新政府発足後も兵制改革をめぐって、益次郎が政府の実力者大久保利通と深刻な対立関係に陥った際も、木戸は正面切って益次郎を擁護している。このことについては後述する。

兵制改革をするにはその環境も良かった。長州藩ではこの頃事なかれ主義の俗論党の坪井九衛門一派に代わり、村田清風の流れをくむ改革派の周布政之助が執政の座につき、軍制改革に着手しつつあった。それは坪井によって彼の政権担当時、放置されていた天保以来の洋式銃陣の復活である。洋式銃陣は上士から中間足軽に至るまで上下の区別なく団体行動をとる為、藩士はその調錬への参加を強制されたのだ。

この頃はまだ長州藩には倒幕といった明確な方針や考えはなく、藩是は「朝廷に忠節、幕府に信義、祖宗に孝道」と決められていた。軍制改革の総責任者にはやはり村田清風の流れをくむ山田亦介がその地位に就いた。彼は海防に強い関心を持っており、近代科学に興味を持ち西洋諸国の事情調査に熱心であった。三方を海に囲まれた長州藩であったが、これまで海防はおろそかにされてきた。それが急遽海防に力を注ぎ始めたのは嘉永6（1853）年のペリー来航以来、その脅威を感じ、海防がいかに重要かを認識させられたからである。

山田がまず登用したのが長州藩きっての海軍通の松島剛三である。松島は長州海軍育ての親ともいうべき存在であり、兵学研究機関『西洋學所』の総括責任者でもあった。ちなみに松島は有能な高杉晋作を育てようとしたが、遠洋航海をする中で船酔いを起こし、海軍には向かないことが分かり海軍への途はあきらめた。それでも晋作は四境戦争の折には藩海軍総督として、弱小の長州艦隊を率いて夜襲を敢行し、強大な幕府艦隊を駆逐して長州藩反撃の口火を切っている。

安政６年に入ると、長州藩は周布が従来の山田清風が創設した伝統戦法の『神器陣』を廃して西洋銃陣が採用され、装備もゲベール銃に統一され、１千丁を購入し、軍制も歩兵、砲兵、騎兵の近代陸軍組織に改編されることになった。長州藩では大村益次郎の登場以前にすでに他藩に先んじて陸軍近代化の素地はできていたのである。そして同時に兵制改革は旧態依然とした門閥制度を崩壊させ、西洋兵学を使いこなせる、中級以下の有能な藩士の登用が行われることにもつながっていくのである。

第2節　国内情勢の変革と長州藩

益次郎が長州において蘭書会読会を通じ、桂小五郎と次第に緊密な関係を築いていく頃、国内においては井伊直弼による安政の大獄が猛威を振るっていた。島津、水戸など有力諸侯の幕政介入により、弱まっていた譜代大名を中心とした幕府政治は井伊大老の登場により復活・強化され、開国もやむなしという立場をとっていた。それに猛反発する尊皇攘夷論を信奉する水戸家の斉昭や、有力大名も政治に参加させるべきだとする越前の松平春嶽などは、英名のうわさが高い一橋慶喜を擁立し、幕府政治の変革を図ろうと画策していた。

ところが幕政本来の老中による政治を行うべきだ、とする保守派で強権をもってなる井伊大老はこれら一橋派を一掃すべく、突如慶喜派大名の登城禁止、自宅謹慎を命じ、幕臣では川路聖謨らを追放、橋本左内ら慶喜派につながる運動家たちも追放、捕縛するという挙に出たのである。安政の大獄の始まりであった。

このような激動の世情の中にあって、長州藩は政争の埒外にあり改革派の周布政之助を中心に、蘭書会読会を開催するなど藩の西洋兵学研究を推進すると同時に、有能な人材の発掘、育成に全力を傾けていた。蘭書会読会には坪井信三、東条英庵、手塚律蔵ら有能な学者が集まり、翻訳事業も行っていたが、そのような中にあって会を主催する周布政之助が是非とも欲しいと願ったのが大村益次郎である。それほど彼の才能は際立っており、蕃書調所時代からその名は長州にも知れ渡っていたのである。

だが彼を採用するには難条件があった。益次郎は本籍はあくまで宇和島藩お抱えであり、且つ蕃書調所教授手伝いというれっきとした幕臣なのである。そこで周布や青木周弼らが宇和島藩や幕府に益次郎の下野を願い出、長州藩にもさんざん周旋活動を行った結果、万延元（１８６０）年4月26日をもって長州藩に仕官することができた。が、このようにして採用された益次郎の待遇は必ずしも良いとは言えなかった。「身分は中士の下、年米25俵（10石）である」（『防長回天史』）。34歳。

長州藩の希望で招請したにもかかわらず、新規雇用についての藩の規則に従わざるを得なかった（前掲　竹本知行『大村益次郎』）のである。しかも身分はこれまで幕臣という高い地位にあったにもかかわらず、青木の「育《はぐくみ》」つまり青木の扱い（従者に近い）という処遇で正式な藩士ではないのである。

それにもかかわらず益次郎が長州藩に仕える決意をしたのは「自分は長州人だ」という強い誇りと、抜きがたい望郷心であった。それに自分を高く評価してくれる桂の懇請には自尊心をくすぐられ、冷静な益次郎としても断りがたかった。ここに生涯にわたる桂との信頼関係が生ずることになる。

そこで意を決した益次郎はこれまで自分の才能を高く評価してくれ、引き立ててくれた伊達宗城には礼を尽くして詫びを入れ、引き留める幕府要人にも断りを入れ、自らが経営する鳩居堂は閉鎖し、生まれ故郷長州に帰郷した。

それ以前、益次郎は並行して蘭学研究に邁進しながらも、蕃書調所で教授手伝いを続けながら日本を取り巻く国際情勢に強い関心を持ち続けた。その結果、世界の趨勢はかつてはイギリスと海外貿易の覇権を争っていたオランダが英蘭競争に敗れ、今ではイギリスが「陽の没することなき帝国」として世界制覇を成し遂げつつあることを、その鋭敏な頭脳と情報から察知したのだ。したがってこれから世界はアメリカを含む英語圏の時代に突入するであろうと。

第3節　蘭学から英学への転換

この点、益次郎が先見性と鋭敏な頭脳で感知したように、世界の勢力地図は大きく変化していた。かつて15、16世紀、海外に植民地を獲得し、全盛を誇った旧勢力のスペイン、ポルトガルなど南欧諸国は乱脈な収奪による植民地経営により衰退し、代わってイギリス、フランス、ドイツなど西欧諸国が産業革命に成功し、その豊富な財源を背景に軍事大国化した。

また広大な領土を有するアメリカが資本主義国として勃興した。商業力に強く、我が国と長い間友好関係を結んでいたオランダは、小国ゆえに長年のライバル・イギリスに敗れ、国内では1861年の革命後は自由主義政府誕生により軍事費を大幅に縮小され、陸軍兵力は8割削減され勢力を失った。

これらの事情を勘案し、長州藩に仕官した益次郎は帰国前、江戸藩邸から適塾の仲間と横浜在住のアメリカ人宣教師・医師のヘボン式ローマ字の考案者カーティス・ヘボンに英語を習うことにした。ヘボンはプリンストン大学で医学を習得すると同時に宣教師としても熱心であった。その夫人もまた良き理解者であった。益次郎が、乗りなれない馬に乗って四苦八苦しながら横浜まで通ったのはこの頃である。

益次郎がいち早く国際情勢の動きを見抜き、これから世界は蘭学の時代ではなく、イギリスを中心とした英語圏の時代になると考えた。イギリスはビクトリア女王時代で全盛期に入りつつあった。そこで益次郎は素早くこれから世界語になる英語を習得し、これから到来するであろうイギリスを中心とした勢力に対応できうるよう考えたことは、先見性とともに時代の流れを読む洞察力にいかに優れていたかの証左であろう。

司馬遼太郎氏によると、大村たちは横浜でアメリカ人医師ヘボンに英語とともに代数、幾何、化学を学んだ。最初ヘボンは日本人は算数の計算は算盤でしかできず、高等数学などは分かりはしないだろうと高をくくっていたが、皆ほとんどこれらの学問を理解していたので驚嘆した。

ヘボンも来日するまでインド、東南アジア、清国などを歴訪してその生活態度と文明度を知っていたから、アジア人を蔑視する気持ちがあったのだろう。そこで来日してからしばらくの間、日本人もこれらの国々の人々と同様であろう、という感覚を持っていた。それが来日後日本人に接するうちに「日本人は未開人などではなく優秀な民族だ」という手紙を本国の知人に送っている。またヘボンは名医であるという評判を聞きつけて診療を受けに日本人が来るようになり、医院は繁盛するようになったが、英語の授業は休むことなく続けられた。夫人も英語の授業は手伝っていた、と記されている。

文久2（1862）年12月、ヘボンは住居を横浜に移し、本格的に日本人に教育することになった。『ヘボン塾』と称されるこの塾は明治学院大学の源流とされ、ここからは後年、三井物産の創設者益田孝、外務大臣も務めた林董、日銀総裁、大蔵大臣、そして総理大臣まで勤めた高橋是清など有為な人材を輩出している。その授業内容は英語のみならず、代数、幾何、微分積分まで教授していたとされる。

益次郎は原田敬作ら長州藩士とともに横浜で8か月ほど英語と西洋兵学を学んでいたが、文久元（1861）年1月、藩から帰国命令が出され、藩の学問所『博習堂』の御用掛を命じられた。それまでは儒教を中心とした学問専門であった博習堂は、近代兵学論、砲術、洋式兵学を学ぶ兵士の教育・訓練機関としての機能を有する教育機関に切り替えられた。

第4節　先進諸藩の状況

この頃日本で洋式化の進んだ藩は薩摩藩、宇和島藩、佐賀藩などであり、薩摩では藩主島津斉彬指揮下で溶鉱炉を具備した製鉄工場やガラス工場があり、佐賀藩では鍋島直正（閑叟）指揮下で西洋式造船所、鉄砲製造工場、溶鉱炉まで建設していた。幕末、日本で最も殖産興業で財産を蓄積し、科学技術面で近代化が進んでいたのは藩主鍋島直正（閑叟）が直接指導した佐賀藩で、鉄砲保有数は日本一と言われていた。

佐賀藩は閑叟の性格で政治にかかわることを避け、途中まで幕府、薩長倒幕派いずれにも与しなかったが、薩長倒幕軍も戊辰戦争で勝利を収めるには、中立を保つ佐賀藩の軍事力をないがしろにはできないという事情があり、三顧の礼を尽くして倒幕軍に迎え入れたという経緯がある。

佐賀藩では絶大な力を有する前藩主閑叟は聡明で先見性に富んでいる反面、思想、政治面では守勢精神が強く、冒険は好まない性格であったから、攘夷論を嫌い幕末初期には革新（倒幕）行動には踏み切れず、激動する時代の波に乗り遅れるところであった。

また前藩主閑叟自体が強力な指導力を持っていたから、藩士が倒幕運動など自由な活動をすることは許されなかった。そのため藩として倒幕運動に参加したのは鳥羽・伏見の役が終わってからであり、倒幕勢力は薩長土肥と並び称されるが、実際には土佐・佐賀は維新政府樹立の際は薩長の後塵を拝することとなった。それゆえ幕末、佐賀藩からは尊皇攘夷で活躍する志士は少なく、江藤新平、大隈重信ら有能な佐賀藩出身者がその優れた能力をもって中央政府の要職に就くのは新政府誕生後である。

長州藩としてはこれら先進諸藩の実態を冷静に観察する中で、自らは近代化に努めているつもりではあったが、国内情勢に詳しい周布や桂は実際には自藩の近代化がいかに遅れているかを認識せざるを得なかった。そこで先進諸藩に負けじと軍の近代化を推進すべく、藩の精鋭を集め、益次郎にその教育と訓練、兵制改革を託したのである。博習堂における授業科目は基礎兵学として西洋兵学、航海術、海陸砲術と練兵、地政学に関する5科であり、授業内容は野戦築城術、先鋒隊勤務、散兵術、将師論など軍事技術論全般に及んでいる。

そのほかの個別授業として算術測量、弾道論、海浜防御法、攻城法、軍艦製造法、航海運用術など、ソフトからハード面まであらゆる分野における軍事科学、技術論も含まれている。これは宇和島で宗城が蒐集した西洋科学の書籍が基礎となっての研究成果の発露であるとはいえ、益次郎も西洋兵学論から細部にわたる各種技術論まで研究してあったことに驚嘆するほかはない。このうち四境戦争、鳥羽・伏見の役、戊辰戦争で効力を発揮したのは散兵術、砲術、築城術であり、長州軍大勝の原因となっている。

この点が高杉晋作の独創性、勝機をつかむ勘、軍を統率する力、戦闘能力などに天賦の才はあるが確固とした基礎兵学、学術としての兵制度、そして晋作の最大の欠点は、自らが作り上げた組織を、永続して維持していく持続性に欠けている点である。例示すれば奇兵隊然り、功山寺決起後晋作率いる正義派が政権を掌握したにもかかわらず、政権を桂に譲り、自らは伊藤博文を連れてイギリス留学を企図するなど、権力に対する欲が少ないのである。

尤も晋作とて兵学の基礎がなかったわけではない。明倫館、松下村塾時代に培った学問の基礎、また脱藩の罪を問われて野山獄収監時、及び自宅謹慎の際には益次郎から近代兵学の書籍を借りて、読書に耽り鋭敏な頭脳で咀嚼し、吸収している。晋作は芸者遊びにうつつを抜かしていることも事実であるが、本来学問に対する造詣は深く頭脳明晰なのである。

一方、益次郎がこれら各種の西洋近代戦法を藩士に徹底して教育した成果は、やがて第二次征長戦争及び鳥羽・伏見の役、戊辰戦争において遺憾なく発揮されることになる。益次郎の教授法は実戦向きで、それまで薩摩や会津に比べ、個々には弱いといわれていた長州の兵士は集団訓練を受けることによって著しく強化された。

天保時代は他藩に比べ進んでいるとされた村田清風が創設した『神器陣』戦法はこの頃になると旧式戦法となっていたが、益次郎の改革により著しく近代化され、ゲベール銃採用による統一した洋式装備と併せ、西洋式銃陣として強力な長州軍が創建される基礎が創られていったのである。

第５節　長州藩近代化の原点・博習堂

長州藩近代化の原点となった博習堂については、これまでその授業内容、教授科目などについて益次郎を中心に論じてきたが、実際に藩近代化、洋式軍事力強化を大所から推進してきたのは藩の実質上の政権を担ってきた執政周布政之助である。安政６（１８５９）年８月、益次郎に周布から博習堂の洋書を中心とした蔵書買い入れの命令が下された。書籍は原書であるから語学が苦手の藩士は無駄な労力を要することになる。

そこで博習堂御用係に任ぜられた益次郎は、藩士に効率よく学ばせる為翻訳による授業とすることに切り替えたのである。これは効率性の点から大きな改革であり、広く藩士全体に普及させることができ、また語学が苦手な藩士は翻訳書により語学に労力を費やさず、研究に没頭することが可能となった。翻訳による教育は一部エリートのみならず藩全体の軍事力強化のレベルアップにつながったのである。

また授業内容は実戦教育に最も重点が置かれ、野戦築城術、行軍、戦闘術、将師術、などであり、この頃から長州藩は洋式兵学の長所を取り入れ、個々の野戦・戦闘術から、軍全体を動かす用兵関係、個々の兵を動かす士官用操典などに比重が移されている。

そして益次郎が取り入れた戦術の中で、実戦で最も効力を発揮したのは散開戦法（散開術）である。この戦法は縦列で密集して行進してくる敵に対し、建築物や遮蔽物の陰から射程距離の長い銃器で狙撃するのである。この戦法を用いるには敵より射程距離が長い最新式銃器を必要とするが、これは味方には損害が少なく、敵には大きな打撃を与えることができる。長州藩では調達に成功した。第二次征長戦争で用いられ、次いで鳥羽・伏見の役では連合軍の薩摩兵も使用して大きな成果を上げている。

次に人材登用である。この時期になると三方を海に囲まれた長州藩では海防に力を入れないわけにはいかず、坪井信道、東条英庵、来原良蔵らを登用し、西洋兵学の受け入れを推進した。同時に来原を責任者に藩を挙げて西洋銃陣の充実を図る為、長崎に伝修生を派遣することになったのである。それに伴い、従前藩校明倫館で行われていた朱子学教育は縮小され、代わって博習堂での西洋兵学中心の研究・教育が充実強化されていくのであり、その中心になったのが益次郎である。そこでのカリキュラムは、

1　兵学教育　2　戍営内則　3　行軍定則　4　先鋒隊勤務　5　小戦術　6　戦闘術　7　将帥術　そのほか　歴史　地理（地政学）等である。

第6章　藩論の変転

第1節　航海遠略策

文久年間に入ると長州の藩論は攘夷論に代わり、長井雅樂の開国論が力をつけてきた。悪化した朝廷と幕府の間を周旋活動しようとする動きである。長井の説は公武合体、開国を是とした『航海遠略論（策）』をもって藩主敬親は宮廷、幕府に働きかけるべきである、とする論である。この大意は、「夷狄を前に国内が開国と鎖国で分裂していては彼らの思うつぼである。事ここに至って破約攘夷を行えば戦争に至るは必定である。我が国の政治はあくまで朝廷が幕府に政権を委任しているにすぎず、委任されている幕府に外国を撃退する力はない。鎖国というのも300年来の幕府が創った掟であって、皇国の旧法ではないのである。それならば開国進取の大国是を示し、航海の道を開いて国力を高め、五大州を圧倒すべきである。朝廷と幕府はこれまでの不信を払い、朝廷は攘夷論を撤回し、改めて航海の道を開き皇威を海外に輝かすように幕府に命令すれば、国論は統一されるであろう」。

この論は公武合体論であり、国威を高め海外に覇を唱えるなど、国力充実を説く横井小楠や佐久間象山の説とも似通っている。革新派の執政周布政之助も一時はこの説に賛同した。そして孝明天皇にも奏上され、幕府への周旋活動も下命されるなど、長州藩はここに中央政界に進出する歩を固めていったのだ。長州は藩を挙げて支援するなどこれを藩論として長井も江戸入りし、すぐさま周旋活動を開始することになった。この策は朝廷、幕府の融和をはかる論説の為、双方から歓迎され長州藩の藩論となった。

だが純粋攘夷派の高杉、久坂玄瑞、吉田稔麿ら松陰門下生からすれば到底受け入れがたい政策であり、穏健な桂なども批判を強めていった。一方、政略家の桂は広い視野から一橋慶喜や松平春嶽を幕政に登用すべきであるという考えで、開国それ自体に反対ではなかったともいわれる。長州人は一般に熱血漢で直情径行と言われるが、その中で桂という男は年長ということもあるが、考え方は柔軟で藩外交を担っているだけに一筋縄ではいかない政策の持ち主でもある。桂は長州人の性格を、「はじめは脱兎のごとく、終わりは処女の如し」と評し、熱しやすく冷めやすい性格を、それとは反対の動きでなければならぬとしている。一般に純朴に見えるが薩摩人の方が西郷にみられるように権謀術数家であり、長州人は桂が評した通りなのである。

第2節　藩論の転換

その頃、幕閣は安藤信正、久世広周らで構成されていたが、彼らは公武合体派であり朝廷との関係改善を企図しており、特に安藤信正は西洋かぶれと噂されるほどであったから『航海遠略策』は大歓迎された。ところが推進派の老中安藤信正が江戸城坂下門外で攘夷派に襲われ、命はとりとめたが老中職は解任された。また長州藩内でも久坂玄瑞ら尊王攘夷派が、長井の開国論に激しく反対運動を展開した結果、最初は長井雅樂説に賛同していた藩の実力者周布も、態度を変えざるを得ない立場に追い込まれた。こうして長井雅樂は謹慎を命ぜられ航海遠略策も挫折した。

文久2（1862）年4月、薩摩藩主の実父で国父という地位にある実力者島津三郎久光が、藩兵約1000人を率いて上洛し、朝廷に圧力をかけるなど幕政に干渉した。そして幕政改革を要求する勅使に任命された公家大原重徳を伴って江戸入りして、幕府政治に関与したので、久光延いては薩摩の力が増すにつれ、中央政界における長州藩の地位は著しく低下し、長井の幕府への周旋活動も中止のやむなきに至るのだ。

この頃から幕政への介入という点では、武力を背景とする薩摩藩主の父ながら無冠の島津三郎（久光）の力が強まり、幕政に関与し幕閣との対立が激しくなる。これに次期将軍の座を窺う一橋慶喜、その後見役松平春嶽も交え政局は複雑な様相を帯びてくる。文久2年7月、京都長州藩邸で会議が開かれ、桂が久坂らの攘夷論を支持。温厚な山田右衛門らの重役はすぐ攘夷論に転ずることには反対したが、実権を握る執政・政務役周布は藩論を攘夷に転ずることで決着し、12月、高杉、久坂ら攘夷派は品川御殿山に建設中のイギリス公使館を焼き討ちするなど藩を挙げて攘夷論に突き進むのである。その後長井雅樂は、久坂ら攘夷派から激しい突き上げを受け失脚に追い込まれ、長州藩は中央政局から後退を余儀なくされるのである。

第3節　長州の攘夷決行

この頃久坂玄瑞ら急進攘夷派は光明寺党を結成、急速に力をつけ熱気に浮かされたように藩を挙げて攘夷熱が燃え盛っていた。そして攘夷の証明として外国船砲撃を藩論とすることを決定。日時は文久3（1863）年5月10日と決定した。

そのような中、先見の明があり、国際政治情勢の見地から攘夷論が燃え盛る中にあっても、藩の将来を願う周布の計らいで青年藩士5名をイギリスに派遣し、海外事情を学ばせようという計画が持ち上がった。有為な青年をヨーロッパに送り込んで、いざ開国という時に西洋文明は何たるかを実地に学ばせておこう、という遠大な計画なのである。派遣する藩士は井上馨、山尾庸三、伊藤博文、野村弥吉、遠藤謹助の5名である。彼らは「長州ファイブ」と名付けられた。

＊長州藩上級藩士の中で特筆されるのは周布政之助である。周布は文政6年3月23日生まれ、大組出身（220石）ながら卓越した能力を買われ、一時期家老に次ぐ重職の執政に就任。攘夷派というより革新派の総帥という立場にあり、常に問題を起こす高杉晋作を擁護した。深い洞察力と先見の明があり、藩の将来を展望して、攘夷派全盛の中で、攘夷後の国際情勢を見据え、将来の開国にも備えて

藩を西洋文化に適合できるよう布石を打ってきたのである。その最たる例が伊藤博文ら５人の有為な青年藩士をイギリスに派遣するなど、次々と将来に向け歩を進めてきたことである。彼ら５人は周布の期待に添い、後年政治、経済など各分野で活躍する。周布は実質上年齢、地位から正義派筆頭の立場にあったから、俗論党が政権を握ると追い落としに遭う。また残念なことに酒癖が悪く、奇異な振る舞いが見られ、土佐藩主山内容堂を罵倒したとして失脚する。

文久年間（１８６１～６４）は長州藩の全盛期であった。京都御所は三条実美ら長州派公家が掌握し、宮廷の学問所学習院の要職は長州藩士がその席を占めていた。洛中洛外における長州藩士の人気は絶頂期にあり、勤皇派浪士からは尊皇攘夷の盟主と仰がれていたのである。全国の脱藩勤皇派浪士はこぞって長州に集まった。

文久２（１８６２）年３月、長州派公家は天皇の詔をもって将軍家茂を上洛させ、孝明天皇の賀茂神社行幸に供奉させて攘夷決行の上奏を行わせた。家茂の供奉は国家運営の最高責任者である征夷大将軍といえど、実際には天皇の膝下にあるという事実を否応なく全国民に知らしめる結果となり、幕府の権威は地に落ちた。

この時期、攘夷運動の先端を切っていたのは長州藩、薩摩藩、水戸藩であったが、一方では幕府とて攘夷運動を黙って見過ごしていたわけではなく、幕閣を中心に幕府の権威を高める為猛烈な巻き返し工作が始まった。幕府は自らの権威回復を図る為従来の老中を中心とした幕府機構を改正し、老中の上に将軍後見職と、政治総裁職を置き、前者には一橋慶喜を、後者には松平春嶽（慶永）を就任させた。また幕政に力を持ち始めた野心家である薩摩の島津久光は、単なる三郎という無位無官の地位を恥じて自分の地位を高めるべく、盛んに公武合体運動を始めたのである。

その最大の動きが朝廷と幕府を結合させ、幕藩体制を強化しようという策謀であった。公武合体論であり、その工作は具体策として、皇女和宮の将軍家降嫁問題となって表面化した。和宮にはすでに有栖川宮熾仁親王と婚約が成立しており、公家側から猛烈な反対運動がおこったが、劣勢を立て直した幕府老中安藤信正はそれら反対運動を押し切って、強引に13代将軍家茂との婚姻を成立させたのである。

一方、長州の攘夷運動はいよいよ盛んになった。それは孝明天皇自体が純粋な攘夷論者であったから、勢いづいた長州藩は攘夷派公家三条実美らと組み、幕府が独断で締結した条約を破棄するように、朝廷に要請した。幕府、特に国際情勢に明るい将軍後見職の慶喜は、一旦結んだ国際間の条約は破棄などできぬと反対したが、文久２（１８６２）年11月、長州派公家で固めた議は破約と決定した。

だが幕府は相変わらず小田原評定を繰り返し、先延ばし戦術に出たが、決行を迫る長州藩や国内世論に押されて、やむなく攘夷決定の奉答を行わざるを得なかった。そこで満を持していた長州藩は上下を挙げて、外国への攘夷を実行する為、萩から家老毛利能登を指揮官とし、本藩、長府、清末の各支藩、それに久坂玄瑞率いる光明寺党の浪士隊など、総兵力約一千人ほどを下関に送り込んだ。そのほか長州藩では軍艦４隻も待機させて万全の準備を整え、攘夷決行に備えていたのである。

攘夷は約束の期限通り文久３（１８６３）年5月10日、夕刻をもって実行された。何も知らずに関門海峡を渡ってきたアメリカ商船に向かって、長州藩砲台が突然砲火を浴びせたのである。次いで同月23日、フランス東洋艦隊通報艦が砲撃を浴びた。更に26日、オランダ軍艦が来航した。すでにオランダ軍艦は外国船が砲撃を受けているという報告を受けていたが、長年にわたり友好国である自国軍艦が砲撃されることはあるまいと安心していたのだ。だが長州側は構わず砲撃を行い、オランダ艦は損傷を負った。

長州藩では西欧列強の近代軍事力と、すぐに武力報復に出る、という帝国主義の真の恐ろしさも知らず、攘夷決行が成功したと大喜びしたが、これがやがて四か国連合艦隊の報復を招くという結果となって表れるのである。それ以前、怒ったアメリカは早くも6月1日、軍艦ワイオミングを下関に派遣し、亀山砲台や長州自慢の軍艦３隻を撃沈、または大破させた。５日にはフランスも軍艦を派遣して長府前田砲台に猛烈な砲撃を加え、長州側も反撃に出たが、青銅砲の砲弾では通用せず、海上にあっては長州の古ぼけた軍艦では太刀打ちができず、援護する砲台もろとも破壊され尽くした。

次来襲したフランスはセミラミスの陸戦隊70人、水兵１８０人合計２５０人を上陸させ、民家を焼き討ちしたが、これを迎え撃つ長州藩正規兵はほとんど抵抗することなく逃げ散った。フランス軍は砲台を破壊、使用不能にして引き上げた。その結果、現在の長州藩正規兵では攘夷論など叫ぶだけで、到底近代化された西欧の軍隊には勝てないことが身をもって知らされたのである。

第4節　高杉　奇兵隊創設

　この事件を契機に、長州藩は西欧先進国相手に攘夷戦争などとてもできないことを悟ったのである。そして軍を強化するには過激なだけで、明確な将来展望を持たない無計画な攘夷派、安逸な生活に慣れきっている保守派や上士階級には無理であることが分かった。特に藩の実権を握っている正義派の周布や桂は、軍の近代化を図るには国際情勢に精通し、長期の計画性に富み、西洋兵学に通暁した人材でなければ、到底倒幕などという大事業は成し遂げられないと確信したのである。そこで着目されたのが江戸にあって西洋近代兵学に精通した大村益次郎という人物であった。

　また一方で桂や晋作は大言壮語する人間を信用してはいない。この頃勤皇浪士と名乗る輩が京、大坂で盛んな議論を行っては、酒を飲んで他国の勤皇浪士と交わるなど売名家が横行していた。彼らは尊皇攘夷論を叫ぶだけでなく、金持ちの町家に乗り込んでは金品をゆするなど恥ずべき行為も行っていた。これら勤皇の志士と名乗る輩は資金が潤沢な長州藩を盟主と仰ぎ、続々と来長していた。

　ところが藩を牛耳る桂や晋作は、このような大言壮語の輩は「いざ戦争」となると実戦においては、戦略も統一性もないからほとんど役に立たないことを熟知していた。特に冷徹で戦略を重んじる益次郎に至っては彼ら浪士は論外の存在であった。

異論もある。その益次郎が適塾で塾頭をしていた際、同輩に福沢諭吉がいた。福沢は自由民権運動の先駆者と言われるが、性格は生意気なところがあり、のちに海外侵略論の大アジア主義に傾倒するなど信条に一貫性が見られない。生真面目な益次郎とは反りがあわなかったのであろう。福沢が例によって攘夷無謀論を吹聴すると、益次郎は持論を曲げて、あえて福沢に向け大変な剣幕で攘夷論を打ったという（『福翁自伝』）。勿論本心ではあるまい。

ところで桂が考えていたのは、自分が宇和島から引き抜いてきた大村益次郎に、旧態依然たる藩正規軍を近代化された洋式軍隊に改組させることであった。

時を同じくして藩主敬親から命を受けた晋作も、外国軍艦の砲撃を受け逃げ散った藩正規軍の無様な姿を見て、彼らには倒幕戦はできないと考え、百姓、商人、職人、下級武士などからなる庶民の軍隊で構成した奇兵隊を創設したのである。奇兵隊とは文字通り正規軍の正に対する奇である。奇兵隊は本部を下関の白石正一郎宅に置き、隊員の募集を始めたが、すぐに松陰門下の久坂玄瑞、入江九一、山縣有朋、赤根武人、時山直人などが集まり、その数60名に上った。

続いて各地に庶民による各種の隊が続々と結成された。瀬戸内地方の三田尻には遊撃隊、山口には八幡隊、小郡には集義隊、上関には義勇隊などであるが、いずれも正義派の拠点である豪商・豪農が活動している瀬戸内地方が中心となっている。

更に特殊な例として階層別に神官、僧侶の部隊、力士隊なども結成されている。なお、奇兵隊については拙著『維新の回天と長州藩』（新人物往来社）、『高杉晋作』（文芸社）に詳細に記述してあるのでここでは簡潔にとどめておく。

第５節　益次郎・軍事官僚への出発

この時期、政治を取り仕切る藩の政庁は日本海に面し、商業の中心地下関からは中国地方を縦断する山岳地帯を越えていかねばならぬほど交通事情が悪く、狭い地域の辺鄙な萩から防長の中心山口に移されている。勿論幕府には無断での移転であるから、それだけ幕府の権威が落ちている証左である。

それまで長州藩に採用が決まりながら、江戸長州藩邸で活動していた益次郎は文久３（１８６３）年11月、妻ことを伴いようやく帰郷することができた。同月26日、撫育方御用掛を命ぜられる。帰郷が遅れたのはあくまで幕臣であり、長州藩に出仕する許可に手間取ったからであった。また併せて益次郎が教鞭をとることになっていた藩校明倫館は博習堂という学校組織に改組され、授業内容も従来の儒教中心からオランダ語、西洋兵学、軍事訓練にも力点を置くことになった。

やがて慶応元（１８６５）年3月、藩校には新たに兵学寮が設けられ、5月益次郎はそこでの軍制改革の総責任者の地位に就いた。足軽待遇の百姓医大村益次郎もようやくその実力を発揮できる地位にまで来たのである。そして大組御譜代の席に列せられることになり１００石を給せられる身分になった。藩軍事官僚としての出発点である。

益次郎は早速軍事改革実施に踏み切った。兵学寮には歩兵、騎兵、砲兵の3科が置かれ、そこでは予想される幕府の征長戦争を視野に入れ、猛烈な西洋式軍事訓練がはじめられた。それまでの講義専門の明倫館と異なり、実戦兵学の講義とともに、近代軍創設に向け、軍の統括を行う将帥術、兵を直接指揮する士官の教育、新式銃の調達、操作方法、散兵術、規律訓練などに力点が置かれた。この散兵術など西洋式近代戦法と新式銃砲は、やがて行われる第二次征長戦争で大いに力を発揮することになる。

第６節　京の政変と長州の没落

文久年間は攘夷運動のシンボルとして、全国の勤皇浪士の信望を集めていた長州藩であるが、いささか図に乗り過ぎた感がある。それと肝心の天皇の意を読み違えたのである。孝明天皇は熱烈な攘夷論者であるが、本来政治的には保守で佐幕派である。

孝明天皇は生来大の外国嫌いで、神州日本に外国人が足を踏み入れることには強い嫌悪感を持っていた。天皇は何と鎖国が古来からの祖法であると思い込んでいたのだ。そこで攘夷論には賛成であるが、長州藩があまりにも力をつけ過ぎることによって、自らの権威が失墜することを恐れ、不快感を持ち始めたのである。

長州藩は天皇を信じ切り、尊王攘夷論の思想面でのリーダーで久留米神宮の神官真木和泉と、長州藩最過激派の久坂玄瑞が結託して起こしたのが天皇の「大和行幸」である。真木らは孝明天皇を大和に行幸させ、ここで天皇を推戴して一挙に倒幕へ持っていこうと考えたのだ。真木らにはまるで天皇の真意が分かっていなかったのである。

一方、薩摩藩でも長州の人気が高まるのを快く思っていなかった。特に国父島津久光は非常な野心家であり、幕府内に雄藩会議を造り、自分が幕政に参加して政治の主導権を握ろうと考えていたから、倒幕など考えてもいなかった。それに薩摩藩は忠義が藩主で久光は無位無官であったから、雄藩会議に名を連ねるにふさわしい位階を望んでいた。

薩摩藩は西郷、大久保ら下級武士を中心に攘夷運動も盛んであるが、久光の指導力が強過ぎ、また藩の空気も戦国時代の伝統を受け継ぎ、上意下達の封建国家であるから、藩士は久光の命令通り動かざるを得ないという体質を持っている。

そこで天皇は長州藩など攘夷過激派を排除する為、薩摩藩を利用することを考え、久光に上洛を促した。思惑が一致した2人は長州藩排除に乗り出したのである。同時に薩摩にとっては昨日までの仇敵、京都守護職松平容保とも組み、宮中は薩摩派公家で固めてしまった。文久3（1863）年8月13日、会薩同盟が成立したが、長州外交の担い手であった桂も、最後までこのような策謀が練られていたことは見抜けなかった。長州にとっても桂にとっても大きな誤算であった。

8月18日早暁、宮中に駆け付けた三条実美ら七人の公家と、昨日まで宮中を警護していた長州藩兵は、いち早く御所を固めた会薩連合の兵に勅命として入居を拒まれた。政争に敗れた在京長州兵は夜半、七卿を守って京都を撤退するほかはなかった。以後、倒幕成功まで長いこと長州藩を苦境に追い込むことになる政変の勃発である。

第7節　禁門の変

その頃長州藩内では、政変の動きを受けて幕府の圧力を前に、椋梨藤太ら藩内保守派（俗論党）は過激派の失敗を攻撃し、周布ら正義派首脳を要職から追放した。それに怒った過激派長老来島又兵衛は遊撃軍を結成し、猛烈な軍事訓練を施し、京へ攻め上る準備を始めたのである。

藩としても世子定弘をもって軍を率いて入洛させて、長州の真意を説明させようとしたが、随行を要請された支藩岩国の吉川、長府、徳山藩主は共に病気と偽って参加を拒んだ。この頃は長州本藩と各支藩との仲は必ずしも良くはなく、本支藩が融和し一体となるのは第二次征長戦争直前のことである。

一方、藩内正義派にも京への進発に反対する常識派が存在した。正義派の巨頭周布政之助、高杉晋作らである。晋作は暴れ馬という世評とは異なり、戦略と先見性、それに勝機を見る目に優れている。上海留学時において西欧の強大な科学力と軍事力のすさまじさを知り、今はひたすら国力の充実に努めるべきだと考えていたから、京への武力進出など、禁門の変で大きな傷を負った長州藩の現況の武力ではもってのほかで、勝機未だあらずと強硬に反対論をぶち上げた。

ところが来島は晋作の説得に耳を貸そうとせず、それどころか晋作はいつ臆病になったのかと罵倒した。晋作は怒り京にいる桂と連絡を取るべく脱藩した。晋作は今まで何回も藩に無断で出奔したり、亡命事件を起こしたり、京都での勝手な行状など数えきれないほどである。それでも他藩の勤皇浪士と異なり、時期を見て帰藩すると重罪に処されることなく入牢程度で済まされている。土佐の坂本、中岡ら、あるいは薩摩藩士が脱藩すれば、生涯罪を許されなかったのとは雲泥の差である。

この点、晋作の場合は脱藩しても周布が懸命にかばい、藩主敬親と世子が厳罰論を抑え、罪を許した。重役陣も晋作の得もいえぬ能力を評価し、藩にことある時は役に立つであろうことを見越していたのか、また温厚で藩主の信頼厚い父小忠太の手前もあり厳罰を要求しなかった。

また京にあって、長州藩外交を代表する形で檜舞台において活躍していたのは桂小五郎であるが、肝心の時には責任を取らず逃げを打つので、外交の表舞台にはあまり顔を出さない晋作の方が、各藩勤皇派及び勤皇浪士たちには重きをなしており、長州藩では高杉、という世評が定着していた。

この時、脱藩して京にいて桂とともに情勢分析を行っていた晋作に、世子定弘から帰藩命令が出た。来島ら過激派の暴発が避けられないとみた周布が、晋作を巻き添えにしたくないことから世子を動かし、帰国させたのである。久坂ら過激派は犠牲にしても晋作については温存を図ったのだ。重罪を覚悟して帰国した晋作であったが、野山獄入牢という罪に問われたに過ぎなかった。

この時、「義」を尊ぶ、として来島、久坂ら過激派は戦略もなく勝てる見込みのない京への進発行動に出た。京にいた晋作や桂らは強硬に反対したが、来島や久坂玄瑞は先発として兵３００人を率い進発、こうなると藩としても捨て置けず、家老福原越後率いる正規兵５００人、真木和泉配下の浪士隊３００人、最後に家老国司信濃率いる1千名が進発した。併せて２１００名の兵力である。

一方、御所を警備する幕府側は、孝明天皇の信任が厚い禁裏守護総督一橋慶喜が総帥で、薩摩、会津からなる諸藩連合軍の指揮を執っていた。兵力は薩摩が８００人、親藩の越前兵、桑名兵、紀伊兵、尾張兵などで5千人に及ぶ人員であった。それに比べ長州軍は全軍を指揮する総帥もおらず、晋作が喝破したように戦略もなく、初めから勝てる見込みのない無謀な戦であったといえよう。

７月18日未明、長州軍は京都近郊の山崎に本陣を置き、対する幕府側は伏見に本陣を置く中で、禁裏の各門は最強とされる薩摩、会津兵が守っていた。双方対峙するなかで、洛中突入を図ろうとする長州兵と、これを阻止せんとする会津、薩摩の兵は御所近辺で双方激突を繰り返した。だが時間が経過するに従い、幕府側が圧倒的兵力をもって長州軍を撃破し始め、夕刻になると長州軍の敗色が濃厚となり、七卿を守り長州に向け逃走した。

この結果、長州藩は禁裏に向かって発砲した罪により、朝廷は長州藩父子の官位を剝奪し、幕府に長州藩追討令を下命。これにより長州藩は朝敵となり、四か国連合艦隊の襲来と併せ、厳しい苦難の時期を迎えるのである。

第8節　西南雄藩の軍事力

それでは長州藩と薩摩藩が幕末維新に際し、倒幕の原動力になるほど強かった要因はどこにあったか。それを探ってみたいと考える。まず財政力については長州藩は殖産興業、物資の流通、交易での蓄積であり、薩摩藩は公然たる密貿易、サトウキビなど特産品販売、特に琉球からの収奪が挙げられる。

次に兵員動員力である。この頃の幕藩体制下にある各藩の身分別人口構成は、平均で農民87・3％、武士5・3％、町人2・7％、その他4・7％となっている。これは徳川幕府創業期の元和8（1622）年時の調査結果であるが（『詳説日本史』）、身分制が固定していた幕藩体制下にあっては、幕末に至ってもそう大きな変動はないとみる。

戦国時代から各大名家とも戦時の動員数は禄高によって決められるが、保持しなければならない兵力は禄高1万石につき14騎であり、1騎は下士卒100名を率いることが義務付けられていた。ところが関ヶ原で敗北を喫した長州藩と薩摩藩については異常に武士の比率が高かった。長州藩の場合は、120万石の領土が36万9千石と大幅に削減されたにもかかわらず解雇した藩士を再雇用したからである。また薩摩藩は伝統として戦国時代から土着の郷士も含め、武士の比率が高い武力の藩であった。

長州藩は、他藩なら藩士の数は同じ石高であるなら4千人程度であるにもかかわらず、6千5百人近くも存在した。薩摩藩については実高77万石にもかかわらず、実に郷士も併せ1万5千人の藩士を養っていたから、幕末の動乱期には兵力としてすこぶる威力を発揮したのである。

第7章　長州藩再生

第1節　長州藩最大の危機

　禁門の変の結果、長州藩は大きな痛手を被った。有為な人材と貴重な兵力の損失であり、まさに内憂外患であった。まず内憂としては、路線が異なる藩内俗論党と正義派の深刻な対立であり、外患は勢いに乗った幕府の報復である。幕府はまず朝廷に奏請して藩主毛利敬親の官位である従4位上、大膳大夫という身分を剝奪し、幕府は敬親を無位無官の地位に落としたのである。

　江戸幕藩体制という身分制社会においては、官位を剝奪されるという行為は朝敵となり、幕藩体制に中で生きていくにはすべてにおいて不利になり、幕府は公然と長州藩を討伐する大義名分が可能となったのだ。そこで幕府は時機を逸さず、征夷大将軍としての権限を以て前尾張藩主徳川慶勝を征長総督に任命し、西国の35藩主に長州討伐の下令を発したのである。

　そのうえ藩内においてはこのような非常事態の中で、それまで攘夷派全盛の中で野に下っていた俗論党（保守派）が勢いを盛り返してきた。俗論党の首魁椋梨藤太を筆頭に、それまで藩の政権を担ってきた正義派の首班山田右衛門、周布政之助らの攻撃に転じた。彼らは政権を握ると、過激派が禁門の変を起こした責任を厳しく追及し、藩論を幕府に恭順する方向にまとめ、速やかに謝罪して毛利家存続をかかるべきだと主張し、正義派追い落としを策したのだ。

これをもって正義派は徹底的に弾圧され、藩内に置いて逼塞を余儀なくされるか、晋作のように藩外に逃亡せざるを得ない状況に追い込まれたのである。この頃益次郎はまだ双方いずれかに与するほど重要な地位にはなく、政争の埒外にあって、専ら軍事官僚として西洋兵学の講義、実戦に向けての兵士の訓練、作戦の研究に没頭していた。

第2節　四か国連合艦隊の襲来

このような内憂に加え、かねてから攘夷過激派による外国船砲撃に対する報復の機会を狙っていたイギリス、アメリカ、フランス、オランダの四か国は、横浜において戦闘準備に入っていた。その場合、連合艦隊はイギリスを仲間に加えたかった。最初勧誘を受けたイギリスは、砲撃など被害を受けたわけではなかったから攻撃に加わる理由はなく、他国の為に血を流す必要はない、というのが本国外相ラッセルの見解であった。

だが米、仏、蘭の三か国では折からアメリカは南北戦争の最中であり、とても極東まで手が回らないという事情があり、ここは世界最大の海軍国イギリスの参加が是非とも必要であった。だがイギリス公使館は本国の意向でＯＫを出さない。そこで協議に手間取り長州攻撃が遅れていたが、ここへきて情勢の変化が出てきたのである。

それはイギリスの宿敵ロシアが不凍港を求め強力な南下政策を取り始め、遂に対馬占拠という暴挙に出たのである。南下政策を取るロシアは、ここに東洋における不凍港としての海軍基地を建設しようともくろんだのだ。外国奉行小栗上野介をはじめとする幕府は、これに対して手をこまぬいているだけで何の対抗策を打ち出せないでいた。

　ところが国際情勢が幕府を救った。イギリスにとっては最大の敵国ロシアが対馬を占拠し、ここに海軍基地を建設されると、イギリスの清国上海の租借という利権から始まり、植民地インドへの脅威など東洋政策に大きな障害を生ずる。そこでイギリスは世界随一の強大な海軍力を以てロシアを威嚇した。

　丁度この頃イギリスはビクトリア女王治世下で「世界の七つの海を支配する」と言われるほど強大な国家であった。流石のロシアも引き下がらざるを得ず、イギリスは対馬占拠を断念させた。だがこの事件は同国に改めて東洋政策の重大さを認識させた。同国公使オールコックはロシアと対抗する上からも米、仏、蘭などと共同戦線を張る必要性を感じたのである。

　それに関門海峡は今では国際港となった長崎、横浜を結ぶ通過点として、貿易立国であるイギリスにとってはなくてはならない存在であるが、そこを管理する長州藩が攘夷論で固まっていれば危険この上ない。ここは自国の利権を守るためにも船舶が常に安全に通行できる状態にしておかなければならない。そこで登場したのが自由貿易と新興ブルジョワジーの利益を代表する駐日公使ラザフォード・オールコックである。

　オールコックは着任以来、日本の天皇と大君という権力の二重構造という複雑な政治形態、国内情勢を慎重に観察した。この点については石井孝『明治維新の国際的環境』に詳述されているが、国際情勢がよく分かるので長くなるが引用してみると、

「彼は今や、日本の支配階級の意図によって招来された外交関係の危機に対応すべく、長州藩要塞下

関砲台の攻撃を提唱した。下関砲台の攻撃は、決して長州藩に対する懲罰だけにとどまらず、支配階級のうち最も『強暴なもの』を撃破することによって、日本の全支配階級に鎖国攘夷計画の不可能なことを思い知らせるためであった。すなわちオールコックの提唱する下関攻撃は鎖国攘夷の成功を願う日本の全支配階級への示威行動であり、これによって日本との全面戦争に入ることなく、所期の成果を獲得しようとしたのであった。ここに日本の支配階級によって招来された未曾有の外交危機への対応策としての下関攻撃計画の意義がある」―中略―「彼はこの一挙によって支配階級を危険な攘夷の途から転向させること、すなわち彼らを開国論へ『改宗』させることに時局解決の途を見ていた」（前掲書　第2節「帰任後における英国公使オールコックの態度」）。

以上にみられるように、オールコックは長州攻撃を日本全国の鎖国、攘夷運動のターゲットとして考えていたのである。このような経過があって米・仏・蘭三か国とオールコックの思惑は一致した。こうして長州攻撃にイギリスも参加することになり、四か国連合艦隊を編制し、最大の海軍力を有するイギリスが四国全艦隊の指揮を執ることになったのである。

ところがオールコックの決断は、イギリス本国外務省の指示を仰いだのではなく、彼の独断であった。外相ラッセルは在留イギリス人が被害を受けた場合以外、いたずらに武力を行使することは自国に負担をかけるのみならず、日本に敵愾心をもたらすだけであり、何の得にもならない、としてオールコックに本国への召還を命じたのである。だがこの訓令が届く前に四か国連合艦隊は行動を起こしていた。

その規模はイギリス艦９隻、オランダ艦４隻、フランス艦３隻、アメリカ艦１隻、全体で17隻という大規模な編制であり、その戦力は総砲数２８０門、乗員はイギリス最強の海兵隊、陸戦隊を含め５０１４名という大軍であった。連合艦隊の司令官には、旗艦ユーリアラス号に座乗する、イギリス艦隊司令官のアドミラル・クーパー提督が就任した。主導したのは前述の英国公使オールコックである。

迎え撃つ長州軍は前田、壇之浦など各砲台に配置されたが、総砲数は旧式な砲１２０門に過ぎず、兵力も藩正規軍は禁門の変で大きな痛手を受けていたから、主力は初めて戦闘に参加する庶民軍としての奇兵隊、荻野隊、長州藩士、そのほか併せても２千名程度に過ぎなかった。

第3節　攘夷戦と講和会議

連合艦隊が出撃準備をしている頃、ロンドンにおいてイギリスに密航していた長州藩士5名はロンドンタイムズを見て協議した結果、伊藤俊輔と井上門多は留学生活に未練を残しながらも無謀な戦争を止めさせるべく急遽帰国することになった。伊藤と井上はイギリスに来て、その高度な文明と安定した政治体制、高度な教育制度、発達した科学、工業力を間近にみて攘夷などとてもできない行為だと再認識させられた。

そこで2人は無謀な攘夷を止めさせ、外交交渉によって外国と親交を結び、貿易を振興させることが今後、長州が生き延びる道だと確信した。協議の結果、遠藤、山尾、野村の3名は藩命を守る為残留し、勉学にいそしむことになった。

帰国した伊藤、井上は横浜でオールコックに会見し、調停工作に入った。オールコックもあくまで戦争に持ち込みたいという考えではなく、長州藩が降伏し、連合艦隊の条件を受け入れればよし、とする態度であった。イギリスにとっては何よりも対日貿易が円滑に推進できれば良いのである。そこで伊藤、井上の2人はオールコックの記した藩主宛の書類を預かり、イギリス艦に座乗して長州に戻り重臣らが居並ぶ中で、藩主敬親や重臣の説得にかかった。藩主の御前には流石に身分が低い伊藤は出られず、井上一人での説得であった。

だが長州藩の戦意は旺盛であり、とても2人の説得に応ずる雰囲気ではなく、藩は連合艦隊へ宣戦布告した。やむなく2人は引き上げ、横浜から2人を送ってきた通訳アーネスト・サトウに宣戦布告の旨を伝達してくれるよう依頼し、再度長州へ戻った。

8月5日午後、四か国連合艦隊が関門海峡に現れ、連合艦隊各艦から一斉砲撃が開始された。迎え撃つ長州側の主力前田、壇之浦、長府、彦島など各砲台からも応戦が始まったが、戦意は旺盛でも青銅砲では連合艦隊に大きな損害を与えることはできない。

それに比べて連合艦隊の主力、イギリスのアームストロング砲など近代化された砲の威力はすさまじく、各艦とも長州側砲台を次々と粉砕していった。午後5時過ぎ、長州側はやむなく退却を始めた。反撃が止むと連合艦隊は援護射撃を受けながら海兵隊を上陸させ、前田に残っている砲台をことごとく使用不能にすると、民家にも火を放ち引き上げていった。翌6日も大激戦が行われたが、今回は濃霧により地形に不案内な連合艦隊に打撃を与えることができた。

だが反撃もそこまでであった。艦砲射撃に守られ、連合艦隊の上陸作戦が始まった。その兵力はイギリス海兵隊を主力に、総計2600人の近代化兵器で装備された精鋭である。迎撃する長州兵はわずか1千人、それも旧式銃での対戦である。

それでも地形に明るい長州兵は、益次郎が開発した散兵戦法で進撃してくる外国兵に対し、巧みに地形を利用して狙撃し、これがため連合艦隊側は大損害を被った。激戦は8日まで続いた。兵士の損害は連合艦隊側が長州兵を上回るほどであったが、砲台は壊滅。長州側は弾薬も尽きて戦闘続行は困難な状況となった。

と、同時に藩では戦闘の準備をしている最中、禁門の変での敗報が届くと急に弱気になり、藩論は敗北を認め俄かに講和に傾いたが、適切な講和使節がいない。そこで連合艦隊と折衝を続けていた井上が提案したのが、外国人相手にも臆せぬ高杉晋作である。この時晋作は脱藩の罪で野山獄に入牢していたが出されて自宅謹慎となっていた。藩でも以前から世子をはじめ首脳部も晋作の能力を高く買っていたから、この人事はすぐさま決定を見た。

この時期、晋作は無為に時を過ごすことはないと考え、萩の自宅に設けられた座敷牢で益次郎から借り受けた本により西洋兵学の研鑽や西洋式戦術、兵の運用術まで読破し、その研究範囲は広範囲に及んでいる。この学問研究、がそれまで倒幕運動に忙しく動き回っていて、勉学する機会がなかった晋作に兵学の知識を与え、得意とする実戦のみならず、兵の運用から戦略論まで身に付けさせたのである。

戦闘は続行していたが、すさまじい近代砲火を前にして、流石に長州藩も連合艦隊相手には勝てないことを自覚した。そこで停戦に入ることになったが、連合艦隊相手に交渉を引き受ける人材がいない。家老クラスは外国人相手の交渉には及び腰で、外国人には慣れている井上、伊藤では相手が連合艦隊の最高司令官キューパー提督なので地位が低く若過ぎるという難点があり、長州藩代表としては貫禄不足である。

晋作は対連合艦隊相手に激戦が続いている６日、山口政事堂に呼ばれ、政務役を命じられた。８日、藩では晋作を家老名代宍戸備前として正使に任命。副使には上士の渡辺内蔵太、杉徳輔を任命した。通訳にはイギリス留学で英語に堪能な伊藤と井上を随行させ、全権イギリス東洋艦隊司令長官キューパー提督、副使アレキサンダー大佐と会談することとなった。通訳は日本に好意を持ち、伊藤、井上と懇意なアーネスト・サトウで、これが長州藩に幸いした。

晋作は臆することなく交渉に臨むが、その様子をサトウは「負けた側にもかかわらず魔王のように傲然としていた」（『一外交官の見た明治維新』）。と形容し、幕府の不決断な態度に業を煮やしてきたキューパー提督もその毅然たる態度を高く評価し、正式に講和会議に臨むことにした。

講和会議は難航の末、次の５か条を長州側が受け入れ、交渉成立寸前までもっていくことができた。

その内容は、

1　今後外国船が馬関海峡を通過する際はこれを妨げない。
2　石炭、食料、水など外国船が必要とする生活用品を海峡を通過する商船に売却する。
3　天候などの都合で艦船が避難した際は船員の上陸を許可する。
4　長州藩は新規の砲台は造らない。古い砲台も修復しないこと。
5　最初に外国船に発砲し、損害を与えたのは長州藩であるから、賠償金は速やかに支払う。

などであり、１〜３まではごく普通のことである。資料によって異なるが、キューパー提督が強硬に主張した関門海峡に浮かぶ彦島租借と、賠償金支払いについては晋作はきっぱり拒絶した。晋作は上海に留学した際、実際に見聞したイギリスの香港租借によって、清国が半植民地化されたと同様に、日本もそうなることを恐れたのである。

彦島は下関と九州側の門司港の間にある僅か8・5キロの島に過ぎないが、関門海峡の要衝で海上交通、交易、軍事の要の位置にある。仮に彦島をイギリスに押さえられ、要塞を築かれ軍事拠点化されれば、日本全体が香港を租借された清国と同じように半植民地化される恐れがある。

晋作はイギリスが彦島租借を強硬に主張できない事情を見抜いていた。キューパー提督は連合国代表であるが、イギリスだけが彦島租借という利権を得れば、今は共同歩調をとっていても、海外でし烈な植民地競争を行っているフランスが黙ってはいない。

特にフランス公使のロッシュは早くから慶喜とは親密な間柄で、幕府にテコ入れをしており、世界各地でイギリスとは植民地争いでは敵対関係にある。イギリスが連合艦隊共通案件以外の件（彦島を租借地）を締結するには他の3か国の同意を得なければならない、という取り決めがある以上、利害があるフランスは強硬に反対するだろう。このような環境が幸いして、流石のキューパーもそれ以上要求することはできなかった。そのような裏事情を見越してきっぱり拒絶した晋作の外交手腕は見事であった。

賠償金についてもサトウの日記では、

連合艦隊側は「下関の町は我が方の船を砲撃したから撃滅すべきところであった。それを町に損害を与えなかったのだから、賠償金を支払うべきである」と強硬に要求した。

ところが高杉は、

「連合国側があまりに過大な要求を行うようであれば、我々は再度決戦を挑む覚悟であり、防長２州には今でも藩主の為なら身命を捨てるのを何とも思わぬ住民が充満している」と戦意がいまだ少しも衰えていないことを力説した。また、

「攘夷は朝廷の命令で行ったのであり、幕府に代わって実行したまでであるから賠償金は幕府が払うのが筋である」と主張して、遂に幕府が支払うことを連合国側に承諾させてしまった。

その毅然とした態度はキューパー提督から大変な信頼を勝ち取ることができた。これまで接してきた幕府高官は責任逃れが甚だしく、交渉役でありながら自ら決断することができない。それに比べ長州藩代表の高杉晋作は独自で決断できる。そして晋作のできることはできる、できないことはできない、とはっきり言うスタンスを高く評価し、幕府より長州の方が信用できる、と感じた。以後イギリスはこれを機会に幕府を見限り、長州藩と親交を結ぶ方向に転換していくことになる。

それにオールコックら外交団の真意は、３００万ドルという法外な賠償金獲得などではなく、下関を自由に通行できる権利と、同港の開港権を獲得できれば交易上大きな国益になると考えたのである。長州側でも内心は貿易拡大の見地から下関開港を強く望んでいるのに対し、幕府では長州藩とイギリスの間で下関開港により貿易が拡大し、長州藩が富裕になること、また双方が接近することを恐れていた。

事実、その後かつての攘夷の拠点下関は、今や関門海峡を通過し、下関に停泊する外国船舶の交易

拠点となり、各国及び長州藩相互の貿易額は飛躍して増加の一途をたどっていくことになるのである。

この活発な交易状況は、下関の反対側にある徳川譜代の小倉藩から幕府に逐一報告された。幕府は下関開港は何としても許せなかった。下関開港を許すことにより、外国との貿易を望んでいる西国各藩が自藩で一斉に開港に踏み切る危険性があったからである。そうなれば幕府の独占貿易体制が崩壊する。この為幕府は外国側のまさか300万ドルという巨額な賠償金は払うまい、という予想を覆し、下関開港より賠償金を支払う旨を四か国連合艦隊に通知した。

その結果、下関開港は幕府に認められず、下関での外国との取引は必然密貿易とならざるを得なかった。実は外国側の意図は賠償金よりも今後の貿易拡大を見込んで江戸、大坂の開市、兵庫、新潟の開港など貿易面での拠点が欲しかったのである。初めから外国側は賠償金300万ドルというのは法外な金額で、吹っ掛けた金額であり開市、開港に同意すれば100万ドルに引き下げても良いと提示してきた。

ところが弱腰の幕府は下関は勿論、兵庫、新潟開港も認めず、賠償金も値引き交渉することもなく、法外な賠償金支払いの方を選んだ。また、兵庫、新潟開港問題では後日勅許が下りないことと考え、竹内使節団をヨーロッパに派遣し、開市、開港の延期を申し出る交渉に及ぶという愚挙をしでかした。その交渉過程で百戦錬磨のイギリスに手玉に取られ、関税自主権放棄という不平等条約締結を余儀なくされたのだ。

そしてそれにつけ込んだ米、仏、蘭、露とも同様の不平等条約を結ばされる結果となった。不平等条約は長いこと日本に不利益をもたらし、その解決の為、井上馨、大隈重信など名うての外相が交渉に臨んだが不調に終わり、結局不平等条約は日清戦争の直前の明治27（１８９４）年まで続くことになる。徳川幕府は確固たる信念で交渉に臨まなかったが為に日本は30年以上も莫大な損失を被ることになり、この時点ですでに幕府には当事者能力はなかったといえよう。

遡及するが連合艦隊と正式な条約成立前、難関が待ち受けていた。藩内攘夷過激派は「高杉が下関開港を認めた」として晋作、伊藤、井上の３人を斬る、と息巻きつけ狙ったので３人はいち早く下関市内に潜伏した。困った藩首脳は第２回交渉には家老の毛利登人を派遣したが、連合国側からは、即座に決断ができる高杉でないと交渉には応じられない、と拒否された。

困った藩政府はようやく高杉を探し出し、再度交渉の席に着かせた。最終交渉は8月14日、第３次最終交渉の結果、下関開港は認めない代わりに、賠償金支払いは幕府が肩代わり、という結果でまとまり、敗戦という不利な条件下にありながら長州側の主張を連合国側に承諾させることに成功した。下関開港は幕府の許可を得ているわけではないから事実上密貿易になるが、長崎～下関～横浜を結ぶルートは諸外国との交易がなし崩しでも実現したことにより、最重要ルートとなったのだ。

このルートが繁栄を極めるに従って長州藩には交易、船舶係船、停泊中の船舶の商品保管など莫大な財源をもたらす結果となった。その豊富な富が殖産興業、新田開発と合わせ、前述したように幕末には実質百万石と言われる富裕な藩とさせ、倒幕戦に向けての近代兵器購入などの貴重な財源となったのである。

また晋作は上海留学中『長崎互市の策』という提言書を著しているが、その内容は長崎を中心とした貿易論で、

「追々公儀より外国へ通商差し許さん候節、ここより船積いたし、広東、上海、香港或いは英のロンドン、米のワシントンに至るために便利宜しくと存じ候」と藩に提言するなど早くから海外貿易には強い関心を持っていた。久坂らと異なり過激なだけでなく経済にも強いのである。そして晋作は貿易の利権を長崎から奪うことも考えていた。

以上のような経過を踏んで、連合艦隊と長州藩では緊密な関係を築くようになるが、その根底には高杉晋作、伊藤博文、井上馨らの働きがあったことは言うまでもない。

第4節　第一次征長と俗論党政権

連合艦隊との講和は無事成立したが、今度は幕府の長州藩征討という難関が待ち受けていた。幕府は同年8月、前尾張藩主徳川慶勝を征長総督に任じ、西国を中心とした35藩の兵力をもって長州を包囲したのである。この時、禁門の変と四か国連合艦隊相手の攘夷戦争敗北で長州藩にはすでに争う力は残っていなかった。そこで椋梨藤太を中心とする俗論党は政権を掌握し、正義派追い落としを図り、長州藩では周布は自刃、禁門の変に参加した急進派家老福原越後、国司信濃、増田右衛門、遊撃隊長来島又兵衛を処分することで幕府に恭順の意を表した。

それでもたりず、椋梨、中川右衛門、三宅忠蔵ら俗論党政権は幕府から言われるままに、山口政庁の破棄、奇兵隊ら諸隊の解散を命令した。だが彼らは解散を潔しとせず抵抗を続けていたが、藩の圧力は強く本拠地下関から宮市へ移動させられた。更に幕府は長州藩を大幅に減封して、その頃我が国では最もへき地であり、土地も貧しい青森の斗南地区へ移封する計画まで練っていた。

正義派首脳を一掃した俗論党であったが、次に狙ったのが最も手ごわい相手である高杉晋作、伊藤俊輔、井上馨であり、井上は俗論党過激派に夜間襲撃され、重傷を負いながらもようやく一命をとりとめた。それを聞いて晋作は井上を見舞った後下関の白石宅へ逃げ、捲土重来を期すことにした。また伊藤も愛妾を連れ下関市内に潜伏した。

このように長州藩は内憂外患、まさに瀬戸際に追い詰められていたが、この時幕府側に変化が生じたのである。征討軍総督は徳川慶勝であったが、前線責任者は若年寄永井尚志であり、実質上永井の参謀を務めていた西郷隆盛が軍の実権を握っていた。この頃、薩摩では久光に疎んじられながらも、大久保とともに西郷が台頭してきて政略は大久保が、軍事権は西郷が握っていた。

その西郷は対立関係にあった禁門の変の頃とは心情が変わりつつあった。長州を完全に壊滅させれば幕府権力は強化され、以前のような強固な幕藩体制が構築され、次のターゲットは薩摩藩となりかねない。そこでここは危機状態にある長州藩に恩を売っておくことが得策と考えたのである。そこで征長軍総督徳川慶勝に「長州が謝罪している今、これ以上追い詰めることは好ましくない。停戦交渉に応じても良いのではないか」と提言した。

征長総督慶勝も戦争を好んでいたわけではないから、喜んでこの提言を受け入れた。また動員された幕府側諸藩も、初めから自藩にとって利益はなく、損害を出すような戦には乗り気ではなく、戦意に欠けていたので喜んで停戦協定を受け入れ、各自さっさと陣を引き払い帰国の途についていった。

ここに藩内の内部抗争、四か国連合艦隊の襲撃、第一次征長軍襲来という壊滅の瀬戸際にあった長州藩は、ようやくのこと最大の危機を乗り越えることができたのである。

第５節　正義派政権誕生

ここにこれまで雌伏していた高杉晋作は、筑紫勤皇党に働きかけるなど椋梨ら俗論等打倒の機会を狙って、筑紫の勤皇派の尼野村望東尼のところに潜伏していた。ところが思いがけないチャンスが到来したのである。幕府軍は停戦交渉に応じ、撤兵が始まったのだ。それが終了した同年12月15日、決起の機会を狙っていた高杉晋作は雪降る中、今をおいて政権を奪取する勝機はないと判断し、下関の功山寺で遊撃隊総督石川小五郎、力士隊を率いる伊藤俊輔ら八十数名の兵を率いて決起したのである。肝心の総監山縣有朋率いる奇兵隊は、藩正規軍には勝てないと踏んで決起に躊躇していた。

ところが晋作が得意の奇襲戦法で藩の新地会所代官所を襲撃し、軍需品を奪取するに成功するや、続いて決起隊を率いて三田尻に停泊中の長州海軍の癸亥、丙辰、庚申の３軍艦を奪い取り、萩に向けて進撃を開始すると、奇兵隊員は「開闢総督の高杉さんに従うべきだ」と躊躇する山縣を突き上げ、彼もようやく参戦を決意した。

それでも決起軍は数では１５００人と藩正規軍より劣っており、未だ形勢は分からなかったが、正義派及び晋作の拠点である瀬戸内側の小郡28郡の庄屋、農民が参加することによって約３千人と対等の戦力となった。勢いに乗った正義派は翌慶応2年1月6日、俗論党が握る藩兵と衝突し、これを撃破した。

以後正義派庶民軍は各地で連戦連勝し、16日には藩最強の正規軍撰峰隊を破り、また海上では晋作率いる長州海軍3隻が萩沖に現れ、城中に向け発砲した。この状況を見て約6割を超える中立派の藩士は鎮静会議員という組織を作り、藩論を統一する方向で正義派、俗論党の調和を図ることになった。

鎮静会は奇兵隊ら正義派の主張を受け入れ、中立派政権を造ることになった。こうなると実質上有利に戦線を進めつつある晋作の主張を受け入れざるを得ない。そこで鎮静会では藩主敬親の判断を仰ぐことになった。前述したごとく、藩主敬親は側小姓をしていた晋作に好意を持っていたので、鎮静会から判断を求められると、速やかに正義派政権を認可した。この政争の中、益次郎は中立を保持しつつ、ひたすら軍官僚として軍備の充実に意を注いでいた。

城内での政争にも敗れた椋梨藤太を首班とする俗論党一派は隣国岩見に逃れ、椋梨は石見で捕縛され処分された。こうして長らく抗争を続けていた藩の主導権は、晋作を筆頭とする正義派が握ることになった。

普通ならここで新政権誕生の最大の功労者である、高杉晋作を首班とする政権が誕生するところである。だが晋作は、自分は軍事行動とか新機軸を打ち立て旧弊を打破することは得意とするが、権謀術策渦巻く政治活動や複雑な人事調整とか、新しい藩政府樹立に向けての基礎作りを行うなど、面倒なことには向いていない、と判断した。権力に淡白な晋作は自らの性格について、利点も欠点もよく承知していたのである。

そこでかねてからあこがれていたイギリス行きを考えた。持論である『長州藩大割拠』を実現させ倒幕を成功させるには、開国により西欧諸国の先進科学技術を導入し、貿易を振興させ富国強兵の道を歩むべきだと考えていたからである。晋作は過激派筆頭のように見られがちであるが、実際には前述したごとく上海留学時長崎で船を待っている際『長崎呉市の策』という長州藩としての貿易振興策を書き上げ、藩政府に提出している。昔から経済には強いのである。

この留学には、イギリス留学を四か国連合艦隊襲来で、途中で断念せざるをえなかった伊藤も同行させるという。藩首脳も困惑したが晋作は革命政権誕生の立役者であり、金策に強い井上の奔走もあり、下関のスポンサーから金をかき集め留学資金調達に成功した。こうなると藩政府も渡航許可を出さざるを得ない。ところが晋作もこの時点では、幕府が第二次征長戦争を準備していることは考えていなかったようだ。以降は節を改めて述べることとする。

第6節　下関交易の利潤

四か国連合艦隊と決戦以後、講和会議を通じて連合艦隊代表のイギリスと長州藩とは親密な関係となった。それはイギリスが勅許を盾に何事も決断できない幕府よりも、高杉のように素早く決断する人材がいる長州の方が信頼できる、と判断したからにほかならない。そして海外情勢に精通しているイギリスは、今後長崎〜下関〜横浜を結ぶ新貿易ルートとして、下関の有効性について着目した。その結果、下関を通じて長州藩と外国との貿易は活性化していったのである。

外国商人の往来はますます頻繁になってきたが、幕府は長州藩の財政力を枯渇させる為、あくまで下関の開港は認めない方針を崩さなかったので、これは密貿易となる。長州藩では幕府に対抗できる軍事力を確保する為、違法を承知で密貿易で下関を拠点に上海などから最新鋭武器の購入に踏み切ったのである。この武器購入には大村益次郎、伊藤、井上が大いに活躍した。

ところが問題は下関の大部分は支藩である長府藩（5万石）の領地であり、清末藩（1万石）も一部領有しており、長州本藩は市街地の西端の一部を所有し、代官所を置いているに過ぎない。だが下関は幕府から正式に認可されていないとはいえ、事実上対外貿易でにぎわう開港場の様相を呈している。これが正式に認可されれば、交易による経済効果は莫大なものになると期待されていた。

このことを、懇意になった英国武器商人グラバーから教えられた晋作、伊藤、井上の３人は経済感覚が人一倍鋭いだけに、下関全体を本藩の所有地とすべく動いたのである。一方、自藩の所轄内にあるだけに、下関が交易の収入源であることを承知している長府藩は、下関を本藩に取り上げられるなど許されることではないと主張し、その代替として３万石の替地と、貢租10か年分を要求した。

ところが本藩では、首脳部が下関問題の処置をめぐって鳩首会議を開いても容易に結論が出せず、小田原評定を繰り返していた。それを見た長府藩では貴重な交易という財源を奪われるなら、下関の本藩吸収論の張本人の高杉、伊藤、井上の３人を斬るべしと、長府藩過激派が付け狙い始めたのだ。それを知った３人はいち早く身を隠した。

この頃はまだ長州本藩と支藩の岩国、長府、清末、特に関ヶ原の役以来、吉川家は裏切りにより敗北の原因を造った張本人だとして、本藩とは犬猿の仲であった。その為吉川家のみが支藩を名乗らせてもらえなかったといういきさつがある。

第8章　第二次征長戦争

第1節　桂の新政権首班への就任

それ以前、前述したように晋作は伊藤を伴い、長崎でイギリスへの渡航の準備を進めていた。その手続きなど諸準備は、講和会議以降懇意になった英国商人グラバーが行っていた。ところが横浜で商館を経営するグラバーから「幕府が第二次征長戦争に向け各藩に動員令をかけるなど、軍編制の準備に入った」旨の情報がもたらされたのだ。こうなると渡航どころではない。晋作と伊藤はすぐさま帰藩し、藩政府首脳に報告し、長州藩も戦争準備に入るよう指示した。

新政権発足にあたり晋作は新しい藩政府の中枢に、一部の強硬な反対を押し切り桂小五郎を推挙した。京で諜報活動をしていた桂は禁門の変で長州が薩摩、会津連合に敗北を喫して以来、幕府の役人や、新たに京都市中警備の役職に就いた新撰組の組員に追われ、京都を脱出して以後但馬の出石に潜伏していた。

桂の動向は藩首脳部さえ杳として知れなかった。慎重な桂は唯一信用する盟友益次郎を通して藩内の動向を探っていたが、俗論党が政権を握っているさなか、帰藩することは危険であると考え、1年間という長い間出石に潜伏していたのである。その間に出石では愛人と子供までもうけている。

桂は慎重な性格から、正義派が政権を掌握してからも、しばらくの間は藩内の情勢を見ていた。桂は藩内に自分に敵対する勢力が存在することを熟知していたのだ。この潜伏期間における藩内の情勢は、益次郎の長州藩復帰に尽力し、江戸藩邸時代から親密な間柄にある益次郎と緊密に連絡を取って把握していたのである。長州藩正義派でさえ益次郎以外には桂の動向を知る人間はいなかった。その間の状況については桂、益次郎間の往復書簡にみられる（木戸孝允関係文書　前掲『大村益次郎』）。

情勢を見極めた桂は益次郎のあっせんと晋作の強い推挙もあり、ようやく帰藩した。桂は復帰と同時に藩の執政として政務役首座に就任した。桂には京都で活躍している時代、同志と密会する予定であっても、危機を感ずると約束を反故にして逃げを打つなど評判は今一つであった。桂もそれを熟知していたから帰藩には慎重であった。

そのような経過から藩内の一部に強い不信感はあったが、得意の外交能力、政策遂行能力、人事及び懸案事項の調整等実務能力は高く評価されており、難事業を任せられるのは桂以外にいないということになった。こうして桂は禁門の変での敗北、四か国連合艦隊の襲来、という危機状況にあった藩再建に従事することになったのである。

長州藩外交を一手に引き受けていた桂小五郎は、天保４（１８３３）年６月、藩医の長男として生まれたが、すぐに家禄１５０石の桂家の養子になった。桂は神経質で繊細、緻密な性格ながら、剣術については幕末、千葉、桃井と並び、江戸の三大道場の一つと謳われた斎藤弥九郎道場の師範代を務めたほど強かったが、実際に剣を振るったことは少なかった。危機察知能力が高く、協議をしていても危険をかぎ取るといち早く逃げていたからである。この為藩内の人気は高杉ほど高くなく「逃げの小五郎」の蔑称もあった。

＊桂は繊細で対外交渉、政策立案能力・調整等には優れた能力を発揮したが、人望には欠けるところがあり、岩倉遣欧使節団で欧米11か国を歴訪した際、大久保利通と不仲になり、長州時代以来の子飼いの部下伊藤博文が大久保の配下になるなど離反され、鬱状態になって使節団より一足はやく帰国した。桂は長州を代表する政治家として薩摩の西郷、大久保とともに維新の三傑に数えられた。帰国後も共和政治を唱えるなど政策には強かったが、鬱状態は解消されず病みがちとなり、政界からは一歩退くかたちとなって、明治の政界では主流となることはなかった。

また桂は、江川太郎左衛門に西洋兵学や近代砲術学をも学んでいる知識人である。帰藩後26歳で大検視役として出仕する。そして江戸勤番になった時、水戸、薩摩、越前などの勤皇派藩士や攘夷派浪士と交わりを深めて、情報収集や藩を挙げての交渉に努めるなど、長州藩外交の花形であった。

その後実績が認められ正式に藩の交渉役に任ぜられ、幕末から維新初期にかけて京都では長州藩の外交を一手に引き受け、薩長同盟締結にも主役として登場する。その代わり身も早く、危険を察知する能力にも優れており、前述したごとく肝心な時には現れなかった。それが藩士の信頼を得られない原因になっていた。禁門の変に際しても、桂らしい冷静沈着な判断力を以て来島や久坂らの暴発には加わらなかったが、これも卑怯な振る舞いだと攘夷派同志からは非難を浴びることになる。

桂が藩内で最も信頼を置いたのは大村益次郎で、幕末から維新にかけての新政府でも相互に緊密な連絡を取り合っている。益次郎が急速に藩内で力をつけ、軍事の枢要な地位につくことができたのも藩の実力者となった桂のバックアップが大きい。そして後述するように益次郎が兵制改革をめぐって国民軍構想を唱え、大久保と対立した時も桂は徹底して益次郎を援護している。

ところで桂は藩の実務を取り仕切る政務役首座の座に就いたが、藩政最高の地位である首班には、温厚で人望がある長老の山田右衛門を据え、その補佐役には廣澤眞臣、前原一誠、大村益次郎らを登用、彼らは明治維新後まで益次郎を取り巻く人脈を形成する。財務には計数に明るい井上馨ら若手の逸材を就任させ陣容を強化した。政務役首座に就任した桂は早速三大政策を樹立した。その内容は、

1　外交面では薩摩と同盟を締結するなど、協力関係を構築すること

2　防長においては幕府に対抗する勢力増強の為、平素仲の悪い岩国、清末、長府ら三支藩及び分家の吉川家と強固な同盟関係を締結すること

3　藩内においては統一した正規軍を整備し、兵制を洋式化すること

この方針に従って藩では従来の複雑な行政機構を整理し、萩に代わって新たに政庁とした山口の政事堂へ、政治、行財政、軍事など、あらゆる権限を集中するシステムを創設した。更に軍についても藩内で所管があいまいで、指揮命令系統がなかった干城隊、奇兵隊など諸隊、それに藩正規軍など、

それまで個別に活動していた各種の軍組織を統合し、新長州軍として一本化した。

その軍制改革の総責任者には何より軍備の充実、近代化が喫緊の課題であることから西洋兵学に精通した大村益次郎を抜擢し、用務役として軍政・軍令の改革業務に専念させることにした。益次郎は長州藩では数少ない桂の子飼いである。ここに益次郎は初めて身分としても権限としても、長州藩の軍事上実質責任者の職務に就いたのである。

以前から兵制改革、兵の訓練、教育については任されていた益次郎であったが、役職は低く、自らが思う通りの改革ができたわけではなかったが、ここにきて藩内で徐々に実力が認められ始め、復帰した桂の庇護下、軍制の実質責任者として長州藩の兵制改革を担うことにより大きく前進するのだ。

ここに第二次征長戦争（四境戦争）を控え長州軍の軍備は、ソフト面では散開戦術など新しい戦略から、ハード面では最新式銃器の装備など兵制改革は着々と整備されていくのである。

第２節　軍事改革の先例

長州兵は個々には戦闘には弱いのである。長州兵が弱いというのは英米仏蘭四か国連合艦隊が襲来した折、藩兵は上陸した連合軍海兵隊に抵抗できず逃げ散り、民衆の嘲笑を買った例でも分かる。これは戦国時代肥沃な土地と財源に恵まれた織田信長が率いる尾張兵が弱かったのと類似している。戦国時代最強の軍団と言えば甲斐の虎と恐れられた武田信玄傘下の甲州軍団であり、対して越後の竜と勇名を馳せた北陸の上杉謙信統率下の越後兵であった。

その特徴は双方ともに生活条件は過酷な環境下にあったことである。信玄の領国甲斐は耕地は貧弱で寒暖の差が激しく、コメの生産には適さず、したがって米穀経済で成り立っていた戦国時代には決して裕福とは言えなかった。また越後の上杉謙信は米の収穫は全国有数であったが、年間の三分の一は雪に閉ざされた豪雪地帯であり戦争中でも冬季が迫ると軍を引き上げざるを得なかった。また領土も肥沃な土地とは言えなかった。それにもかかわらず甲斐、越後が戦国最強を謳われたのは信玄、謙信という軍事、行財政能力に卓越した才能に恵まれた名将が存在したこと。また甲州の場合は豊富な金脈が存在し、軍事力を蓄える資金が調達可能であったことも挙げられる。

越後の場合は、やはり上杉謙信という戦国を代表する名将の存在と、新潟という良港に恵まれ日本海の中枢として物産の流通基地としての好条件が挙げられる。それはともかくとして甲斐、越後共に地域、風土に恵まれないだけ、悪条件を乗り越えて屈強な武士団が形成されていったことが挙げられる。

その点、織田信長が生まれた尾張と言う土地は日本の中央部に位置し、この時代米の生産高でもわが国有数であるばかりでなく、温暖な気候に恵まれ、生活するには最適な環境であった。その代わり尾張兵というのは個々には弱いので有名であった。

そこで信長がとった富国強兵政策は、自身の天賦の才能もあろうが戦国大名の誰もが思いつかない関所の撤廃、楽市楽座という時代の波に乗る流通経済の振興による商業活性化政策などであり、より豊富な財源を得ていった。その資金により常時戦場に兵士を動員できる兵農分離政策を完成させ、組織による強兵化を図ったのである。

その結果、信長は豊富な財源により軍団制度を開発し、信玄、謙信いずれもが成し遂げられなかった全国制覇への道を開くことができたのだ。

また外国にも方面別軍団方式により巨大帝国を築いた例はあるが、その中でも中世、中央アジアにおいて中国北方のモンゴル高原から勃興し、メルキト、オイラート、ナイマン、ケレイトなどモンゴル系が乱立していた諸部族を統一し、モンゴル帝国を築いたチンギス・ハーンの例がある。

1206年、モンゴルを統一したチンギス・ハーンは、それまでの戦闘では自ら先頭に立って指揮を執っていたが、以後の戦争では長男ジュチ、次男チャガタイ、三男オゴタイ等8軍団を構成し、対金帝国戦、ホラムズ戦、ウイグル王国戦、カラ・キタイ戦など中央アジア制覇にはこれら軍団により成果を上げている。

時代は幕末・維新に移るが、辺境の地にあり耕地も痩せた土地で米穀には適せず、やむなくサトウキビ、さつま芋などを主食としていた薩摩藩では琉球からの特産品収奪、密貿易で富を蓄積していたが、藩士及び郷士は個々でも組織としての軍団でも日本最強を誇っていた。そこで個別では到底太刀打ちできない長州兵を強化するには組織としての軍の育成である。またそれが益次郎に課せられた課題でもあり、責務でもあった。

第3節　長州藩の軍事改革

益次郎という男は非常な勉強家であり、主に西洋の兵学であるが、勿論我が国の古今の兵学をも研究対象としていたことはやぶさかではない。それゆえ織田信長の農繁期でも動員可能な兵農分離システムは熟知していたであろうし、それを参考とした組織としての軍の統一を図ろうとしたのである。

益次郎が最初に手掛けたのはそれまで正規軍、奇兵隊など諸隊に分かれていた軍の統一と『農商兵規則』の制定による徴兵制の採用である。兵士の募集年齢は16歳から35歳までとし、定員は１６００名とされ、調錬も軍の指揮下に置かれた。一方で奇兵隊など自由裁量で動いていた各隊の権限は縮小され、藩の厳重な管理下に置かれることとなった。それまで個別に活動していた諸隊は藩の正規軍となり、徴集された農商兵も含め軍は一体化・合理化され、藩の軍事力は格段に増強されたのである。この長州藩の徴集兵制度は、益次郎がやがて創設する明治陸軍の国民軍構想の下地とまではいかないにしても、発想はそれに近かったのではあるまいか、と推察する。

次に従来長州藩の軍事制度は中堅藩士の『大組』制度を中心に成り立っていたが、益次郎はこれを解体し、上級藩士から禄高によって兵員を出させる足軽銃隊編制に切り替え、山口に屯集させて一括して教育訓練を施す制度に切り替えている。そして兵だけでなく銃砲・弾薬についても、石高・動員力に応じて各家で個別に調達する方式であったのを、藩全体で管理する一元化方式に改組し、各地に屯所を設け、そこで動員された兵士に効率よく配布する方式に改めたのである。

また戦時において軍全体を統括する将帥には用兵学を、直接兵を指揮するクラスには幹部士官の養成制度に力を入れるとともに、実戦に適した軍制の確立を図った。次いで藩兵には歩・騎・砲兵と明確な専門性を取り入れ、その専門職種による兵学教育に力を注ぎ、士官の指揮命令系統を明確化した。

用兵についても刀槍時代の集団密集方式から銃撃戦時代を迎え、益次郎が開発した内で最もエポックスな戦術は、実戦に向いた散兵式戦法である。この基本は益次郎がドイツの戦術書についてオランダ語で翻訳した『戦闘術門』を日本式に直した戦術論である。

散兵式戦術の概略は「少数の兵士に広い土地を占領させ、多数の敵と対戦することで、兵士の進退・挙動は自在かつ余裕があり、その射撃も効果的であり、遮蔽された地形を利用することができる。弱点として銃卒は所属指揮官の指示を受けることが少なく、自己の判断によることになる。また騎兵の襲撃には弱いという弱点がある」（前掲『大村益次郎』）。

以上が益次郎が対幕府戦に備えて考案した戦術の転換と、その用兵及び運用であるが、このうち最も効果があったのは散兵戦術であり、これを指揮官に徹底させた結果、密集して攻撃してくる敵に対し、分散して遮蔽物の陰から攻撃する方式で四境戦争でも、また後年の鳥羽伏見の役でも薩摩兵も含めて大いに効果を発揮することになる。

慶応元（１８６５）年６月24日、山口にある兵学校が三兵学塾と改称された。学科塾には三兵学塾においてある程度実施の訓練を積んだ者、それに相当する者が入塾していたと考えられている（『幕末長州藩洋学史の研究』）。つまり前者は後者に比べ格とレベルが高く、専門性が強い機関であったといえる。

第4節　専門学科の充実

ここで戦術のテキストとして用いられたのが、益次郎が翻訳したクノープの三兵戦術書であった。その主な三兵学塾の教科は簡潔に記すと、

第1級　築城術

村落や市街地、寺院などの建造物、橋梁などを有効に使い防御する方法と、攻撃する場合も利害をその地理によって考え、構築物を造りその場所を堅固にする研究である。兵学の初歩として士官必読であるとされている。

第2級　小戦法

戦術では全軍で行うのではなく、小規模の戦いによって橋梁や船着き場、城門などを攻撃し、若しくは守護し、あるいは1隊を出し先鋒として敵を防ぐなどの戦術を学ぶ。戦場で敵に対した時、決戦をいかに有効に導くかの術を学ぶ。

第3級　戦略・陸地測量・地理学

あらゆる方面に通暁し、時勢を図り、政治上の治乱興廃を明らかにし、廟算を立て、歩兵、砲兵、工兵三軍の命令を司る機能で、将帥の学術と位置づけている。政治動向も含む戦争についての利害を

養う能力を養成。

第4級　海浜防御法
　砲台築造研究など専門学科である。

第5級　万国史
　世界の戦史に関わる教育を想定。近代兵学とはヨーロッパ諸国の軍事科学をいう。ナポレオンは歴史に重きを置いており「偉大な将軍の戦闘ぶりを見て分析せよ。それが戦術について学ぶ唯一の方法だ」と言い、キュロス大王、アレキサンダー大王、カエサル、中でもフリードリッヒ大王を模範とした（後、戦略論と言えばドイツの名参謀『クラウゼヴィッツの戦争論』が著名であるが、この戦争論は益次郎以後のことである）。

　などが主な教育内容であり、兵学教育は主に数学系に重点を置いた士官の実践教育であったことが見て取れる（参考　前掲『大村益次郎』ミネルヴァ書房）。

　益次郎が最も力を注いだのは歩・騎・砲兵の修業年限であり、これは規則化された。実働部隊の実際の指揮を執る下士官の養成は重要で、実践的教育システムを構築し、最低の実務は全下士官に4か月で覚えさせ、兵員の指揮監督が旧来の正規軍、奇兵隊など諸隊の垣根を超え、藩を挙げて満遍なく一体化し、統一して行われるようにした。

　この兵制改革の特徴は天保以来の旧式陣法を廃し、人材を家臣の序列にかかわらず登用するとともに指揮命令系統を明確化したことにあった。また前述したように世禄の藩士と庶民からなる兵の統一を図ったことにも大きな意義がある。これによって、それまで組織ごとに乱立していた藩内の諸軍事勢力を統一軍団としての編制に成功し、皆兵制を取ることによって長州軍の戦力は一段と充実強化されたのである。これが四境戦争において、烏合の衆の幕府軍に勝つことができた最大の要因であろう。

その軍は兵士全員がミニエー銃など最新式銃器で装備され、さらに大砲は新式砲19門を購入、軍艦もイギリスから懇意となったグラバーを通じ、蒸気船３隻を購入。それぞれ乙丑丸、丙寅丸、第２乙丑丸と命名した。長州藩はこのようにして益次郎の西洋式兵制によって教育訓練され、更に益次郎が育成した有能な指揮官の統率下、よく統制の取れた強固な軍団を形成していったのである。

同時に藩は日本海側の萩と瀬戸内側の小郡に銃砲製造所を造り、併せて弾薬製造所も設置するなど自給自足体制が完備したのである。これによって武器輸入に頼らずとも、ある程度の持久戦も可能となった。それに伴い益次郎は間近に迫っている対幕府戦に向け、激しい実戦演習を連日繰り広げていった。それでも益次郎にすれば十数倍の幕府軍を相手にするには大きな不安があった。それを解消するには最新式兵器の装備と、兵士の訓練、更には地形を利用した散兵術（散開戦術）と、きめ細かな戦術しかない。

第5節　武備の充実

このような兵制改革を実現することにより、軍備近代化を図る長州藩ではソフト面では部隊編制、兵員の教育訓練の充実とともに、兵に迅速な動員用兵、戦場での速やかな兵の展開など、緻密で迅速な戦略・戦術を実現することが可能になった。またハード面ではグラバーを通じ、新式兵器の購入による装備・開発・調達が行われた。迫りくる対幕戦を前に、益次郎の予測では幕府は諸藩を動員し、十数万規模の軍勢で押し寄せるであろうことが推測された。

これに対し長州藩では藩士約６５００名のうち、予算・一般行政を含む事務職、村落管理などを司る行政職を除けば、戦士として活動できるのは約３５００名程度に過ぎない。そこで強大な幕府軍に勝利するには、何としても最新式兵器で立ち向かうほかはない。

ところが自前での銃器開発は間に合わないことから、新鋭兵器の輸入に力を入れることが急務であった。そこで益次郎が力を注いだのが小銃と軍艦の拡充であった。海軍については高杉晋作も早くからその重要性に気付いており、上海留学から帰国した際、藩には無断でオランダから軍艦を購入しようとした経過がある。

だが海軍については、幕府には有能で若年の頃オランダに留学し、西洋式海軍学を習得した軍艦奉行榎本武揚が座乗する開陽丸ほか8隻の新鋭艦隊がそろっており、長州藩では蒸気船を3隻購入したとはいえ、到底幕府艦隊に太刀打ちできる体制にはなかった。

一方、陸戦において幕府の大軍を迎え撃つには、兵員の数からいっても最新鋭銃器が必要であることは言を俟たない。この頃はまだ幕府及び各藩は刀剣での戦闘が主であり、銃器と言っても火縄銃か、ヨーロッパでは旧式兵器に属するゲベール銃が主力であった。そこで長州は旧式銃しか持たない幕府軍に勝つにはと、目を付けたのが新式のミニエー銃である。これは１８４６年にフランスの陸軍大尉ミニエーが開発し、従来の球形ではなく椎の実型の弾丸を使用している。これによって射程距離を既存銃の3倍強（３００ｍ）まで伸ばすことができた。

＊長州藩が所有していた最新式銃器は、イギリスが開発したスナイドル銃でミニエー銃の3倍の威力を持っていたが、この時は未だ日本国内に出回っておらず、長州藩が入手できたのは慶応3年、薩長倒幕軍が編制されてからであり、四境戦争には間に合わなかった。

幕府も英明な第15代将軍徳川慶喜が、フランスから軍事使節団を招へいし、ミニエー銃を中心とする洋式歩兵部隊を創設したが、急ごしらえ部隊であり指揮官の養成が遅れたこと、また兵士の訓練不足で、第二次征長戦争や鳥羽・伏見の役など実戦では思うような成果を上げることはできなかった。

そこで益次郎は藩士青木郡平を長崎に派遣し、ミニエー銃の買い付けに従事させた。ところがこれは幕府の妨害に遭い、なかなか調達はできなかった。そこで桂と益次郎は香港、上海はおろか直接オランダまで購入先を伸ばしている。幸いこれら武器の調達資金は越荷方など藩直営事業や、交易によって得られた豊富な財源を充てることができたから可能となったのである。

それでも新式小銃は兵士全員に行き渡らせるには不足していた。そこで桂は旧知の伊藤、井上の2人に、折から下関にやってきた土佐藩脱藩浪人で各藩に顔が広い坂本龍馬、中岡慎太郎の2人に薩摩の西郷に銃器のあっせんを依頼するよう頼んだ。伊藤の動きは迅速で坂本龍馬は武器購入に際し、薩長同盟の下地ができていた薩摩藩に名義借りを依頼し、家老小松帯刀から承諾を得ることに成功した。小松は若いが薩摩を代表する倒幕派の巨頭であり、薩長同盟締結には大きな役割を果たすことになる。

桂が計画していた小銃7千丁購入は、前述した青木郡平との軋轢、軍艦購入についても藩海軍局の承認が得られず難航するなど、対幕府戦を控えて難局に乗り上げていることが桂、大将の往復書簡でうかがい知ることができる。

それがやっと伊藤、井上の尽力により、海外貿易に強い坂本龍馬の経営する我が国初の貿易商社『海援隊』が、イギリスの貿易商グラバーから薩摩藩の名義貸しで、ミニエー銃4300丁を薩摩藩の軍艦で三田尻港に陸揚げさせることができた。勿論密貿易であり、薩摩の名義を借りなければできないことであった。

こうして禁門の変以来、険悪であった薩摩藩との和解の下地が徐々に出来上がり、懸案の軍艦購入についても、桂の藩内の指導体制が強まり、反対していた海軍局を抑え、やはり薩摩藩名義で購入が実現する運びとなった。名称は乙丑丸と命名される。長州藩は政務は桂の権限強化とともに、軍政・軍令については益次郎が藩のすべて権限を掌握する最高位の立場に就いたのだ。

このように長州藩が最新式武器弾薬、蒸気船など高価な武具を買い入れる財源はどこにあったのか。その一つは石高の増加である。関ヶ原の役で西国10か国、１２０万石が防長２州36万９千石に削減された。それが瀬戸内海側を中心に、天保の改革以来の新田開発政策によって、実質百万石と言われる裕福な穀倉地帯に伸長しつつあったのだ。特に支藩の徳山、分家の岩国藩は日本海側の萩より豊かな瀬戸内側に位置している。そこで長州本藩は今まで不仲であった、これら支藩の協力を取り付けることが集眉の課題となってきたのだ。

また、それ以上に大きな財源をもたらした要因は、前述したように商工業の発展である。長州の三白と呼ばれる塩、蠟、紙（それに米を加えると四白）などがその主力である。それに関門海峡を通過する船舶通過料、及び商品取り扱い税収や商品保管の倉庫料が加わる。

ところが商業の拠点下関は、従来疎遠な仲にあった支藩の長府、清末藩の管轄下にあり、萩本藩は代官所を置くに過ぎないという複雑な関係にあった。特に最大の交易拠点である下関中、貿易港が所在する南部町は長府藩５万石の支配下にあり、回船・倉庫業を営む豪商白石家は清末藩１万石の所管内にあった。それに交易入管による運上金などは、支配地取扱高に応じて本・支藩で分配する、という煩雑な仕組みになっていた。この分配をめぐっても本・支藩の不仲の原因となっていたのだ。

それが対幕府戦を控えて本・支藩を一体化することにより、財力、軍事力共に一段と強化充実されることが課題となったのである。そこで外交が得意とする桂を中心に首脳部を挙げて各支藩の融和策に乗り出したのである。それ以上にこの時期になると長州には全土で藩士、民衆を問わず藩全体を挙げて領土を守り抜く、という一種の革命気分が燃え上がってきた。そこでそれまで傍観気味であった各支藩も、強大な対幕府戦を前に一致団結して決戦に臨もうという機運が盛り上がってきたのだ。

第9章　四境戦争突入へ

第1節　幕府征長を決断

幕府も第一次征長戦争が不本意な結果に終わり、その間長州藩が軍備増強に努めていることは、隣国岩見や小倉藩及び幕府の諜報機関からの情報で知悉していた。そこで遂に幕府は第二次征長戦争を決意し、長州藩を徹底して壊滅することにした。

慶応元（1865）年5月12日、紀州藩主徳川茂承を征長先鋒総督に任命。西国諸藩36藩に動員令を下した。その奏上した再征の理由については、長州藩は外国への伊藤ら藩士の密航、下関を中心とした密貿易が挙げられている。長崎での小銃大量購入についても幕府は察知していたとみられる。

慶応2年1月22日、幕府による長州処分案が勅許された。それは10万石の減封、藩主敬親の蟄居隠居、世子広封の永隠居という厳しい内容であり、長州藩が到底受け入れられるものではなかった。幕府はこの案が拒否されることを見込んでの提示であった。

6月5日、幕府は長州本藩の支藩である徳山藩、岩国藩、長府藩、清末藩藩主及び吉川家に、将軍家茂がいる大坂へ弁明に来ることを命じたが、すでに同盟が成立している各支藩に拒否された。

関ヶ原の役以来、幕府の策謀により長いこと不和であった長州本藩と各支藩とは、長州藩最大の危機を迎え、分家の岩国藩主吉川監物の仲介により、対幕府戦に向けて支藩3家は本藩藩主敬親と面会する運びとなった。

そこでの話し合いの結果、今までのわだかまりを捨て仲直りするとともに、本・支藩一致団結して対幕府戦に臨むことになったのだ。この意義は単なる合同という以上に、戦略上、戦力など軍事の上からも、藩民の団結心、敢闘精神という面からも大きかった。それは3支藩1分家とも地形上瀬戸内に面し、財政力は豊富であり、対幕府戦においては幕府軍が攻撃してくる交通の要衝にあるからである。

＊この時期、村田蔵六は大村益次郎に、桂小五郎は木戸貫治にそれぞれ改名している。

このような状況下、幕府は同年5月15日には西国を中心とした36藩に、征長の出兵を命じた。そして長州には6月5日を期限として、処分案を受け入れなければ総攻撃に移る旨を通告したのである。幕府の基本戦略は、広島に本営を置き、優勢な海軍力と敵を圧倒する陸上兵力によって長州藩を海陸から包囲し、長州への入り口である、大島口、芸州口、石州口、小倉口に各藩の兵力を配備し、開戦と同時に一気に長州藩内に攻め入る、という作戦であった。

第2節　薩長同盟締結

元治元（1864）年9月21日、難航していた征長の詔勅がやっと朝廷から将軍家茂に下された。が、ここに懸案事項が生じた。先に幕府が許可し、長州藩が実行した四か国連合艦隊との攘夷戦争の賠償金支払い問題である。

連合国側は高杉晋作の巧みな論法で「責任は攘夷を命じた幕府にある。長州は単に命令に従ったに過ぎない。したがって賠償金は幕府から取り立てるべきだ」と言われ、連合国側は取りやすい幕府から取り立てることにしたのである。

実は貿易立国である連合国側にとって、本音は賠償金支払いなどではなく、兵庫、大坂を開港させることであった。結局幕府は長い協議の末、開港よりも長州藩に代わり本来なら払う必要のない300万ドルという大金を支払うことになったのだ。7月4日、幕府は第1回賠償金を支払う。

慶応元（1865）年5月、本国外務省の命令に背き、四か国連合艦隊の主導権を握り長州征討を行ったとしてオールコックが本国に召還され、公使には代わりにハリー・パークスが赴任してきたが、長州藩に好意を持つ通訳アーネスト・サトウの助言で、任地横浜に就く前に下関に立ち寄り、木戸貫治、井上馨らと会見、国内情勢について考え方を聞いている。これを機会にパークスは長州寄りの路線になる。

それに加え、禁門の変以来、長いこと不仲が続いていた長州と薩摩とでは坂本龍馬のあっせんにより、慶応2（1866）年1月21日、桂改め木戸貫治と西郷とで会見することになった。薩長同盟の協議である。場所は江戸小松帯刀邸。交渉が成立するまでには西郷、木戸ともにプライドをかけての意地の張り合いという紆余曲折があり、交渉は難航したが最後は仲介の労を取った龍馬と、途中から参加した薩摩の実力者小松帯刀の決断で、正式に薩長締結の密約が成立した。

通説では西郷と木戸の仲を龍馬が取りまとめたとなっているが、一浪人に過ぎない龍馬にはそれだけの力はなく単に仲介の労を取ったにすぎず、実際には薩摩藩首脳を動かすだけの力を持っており、かつ国父島津久光を説得できたのは若き実力者の家老小松帯刀を措いていない、というのが新しい説である。

慶応2（1866）年1月21日、正式に締結された薩長同盟は、
1　対幕府戦争勃発となれば、薩摩は兵2千名を上京させ、大坂にも1千名を常駐させる。
2　長州藩勝利の暁には薩摩藩が朝廷に奏上する努力を払う。
3　万が一長州藩が不利な立場に追い込まれても、その間に薩摩藩は長州復権を朝廷に働きかける。
4　幕府軍が敗退した場合、薩摩藩は長州藩にかけられた冤罪を晴らすべく朝廷に働きかけを行う。
5　一橋、会津、桑名藩が、薩摩藩兵の上京や、朝廷への周旋を妨害することあれば決戦も辞さない。
6　長州の冤罪が晴れた時は、薩長は提携し、皇国のために粉骨砕身努力する。

以上の同盟の内容は、この時点では正式には軍事同盟ではなく「長州再征反対と長州の冤罪を晴らすこと。また相手は幕府本体ではなく、一・会・桑勢力と一戦に及ぶことも辞さない」というに過ぎないが、やがて軍事同盟に発展し、倒幕への道を進んでいく下地となったのである。

この盟約が締結されたことは第二次征長軍を迎え、四方を敵に囲まれた長州藩にとって後顧の憂いをなくし、同時に武器購入、船舶あっせんなど政治・経済面で大きな力となったことは事実である。

この結果を受けて、山口政事堂で開かれた最高戦略会議において、益次郎が対幕府戦の戦略面で総括することと、陸軍作戦の大権を任されることになった。同時に海軍総督には高杉晋作が就任した。ここに対幕府戦の責任体制が決定したのである。

第３節　幕長戦争開始

これに対し、大村益次郎の対幕府基本戦略は、幕府の大軍を迎え撃つにはあまりにも少な過ぎる長州軍が勝ち抜くには、高杉の小倉口による攻勢以外は、専守防衛に徹するしかないという点にあった。それは益次郎が提案したグラウンドデザインの『防御線防御点の大略』に示されている（前掲『大村益次郎』）。それによると長州側が熟知している地形を活用すること。藩境付近を専守防衛して敵に持久戦を強いること、であった。

長州軍の基本戦略としてはハード面ではミニエー銃など近代兵器の充実、ソフト面では知悉した地形を利用した遊撃戦を強いること、密集陣形で来るであろう敵に対する散開戦術、山岳部に引き込むゲリラ戦も加え、徹底した防御戦術を中心とする作戦である。これに対して小郡の農民兵からは消極戦法過ぎるではないか、という批判があったが益次郎は意に介さなかった。

４月10日、長州藩は藩主毛利敬親の名において藩民に向け、幕府に対し宣戦布告をする旨の下令を発している。

山口政事堂では軍事の大権を任された大村益次郎を中心に、最高軍事会議で詳細な作戦を練った。その作戦の大略とは、幕府軍は防長2州の4か所から、36藩十数万の大軍を以て攻め込むであろう。第1に、日本海側の石見国から萩へ進撃するコース。第2に幕府軍が大本営を置いた安芸から岩国を経て山口へ進撃するコース。第2に優秀な軍艦を備える幕府海軍を以て周防大島を占拠、そこから瀬戸内方面に上陸するコース。第4は幕府の拠点であり、老中小笠原壱岐守が総督として陣を張る小倉から、関門海峡を渡って下関に攻め込むコースではないか。幕府軍はおそらくこの4コースから攻撃してくると予想される。という想定案を策定した。

これに対する第二次征長戦争開始時の長州の軍団編制は、

藩士・陪臣　1千人　足軽鉄砲隊　2千人（ここまでが藩正規軍）

奇兵隊等諸隊　2千人　農商兵　1千6百人

合計約6千6百人　64大隊　という構成である。幕府軍十数万対長州軍6千6百人では益次郎が危惧した通り、人員面だけからすれば、普通では到底勝てる勝負ではなかったのである。一部異論はあっても、防御中心の戦略を組んだのもやむを得ないことではあった。同時に益次郎は戦闘法として散開戦術、縦隊戦法をとり密集体型で来る敵兵を迎え撃つ態勢で臨むことにした。

＊なお、散兵法（散開戦術）については以後、倒幕軍側のお家芸となり、第二次征長戦争、鳥羽・伏見の役でも活用され成功をおさめている。その詳細については前掲『大村益次郎』竹本知行著　第6章　四境戦争　P214～215に詳細に記されている。

第4節　大島口の戦い

慶応2（1866）年6月7日、征長軍による周防大島攻撃によって第二次征長戦争（四境戦争）は開始された。益次郎は最初から少ない兵力を集中させる為、大島の防衛は放棄する。正規軍は配置せず土着豪族村上氏の水兵、僧兵、地域の農商兵を以て対応する、という作戦であった（末松謙澄『防長回天史』）。村上一族は亀之助2千5百石、河内1千7百石で、彼らの傘下にある農商兵は住民の支持を得ており、かつ彼らは地形を熟知しているのでゲリラ戦に適していると思われた。

幕府軍による大島への攻撃は10日夕刻から始まった。軍艦からの砲撃はすさまじく、村上軍は敵せず山岳部に逃げ込んだ。幕府軍は上陸して民家を焼き討ちするなど、傍若無人な振る舞いで、到底島民を中心とした民衆軍では太刀打ちは困難であった。

下関にいてこの状態を聞いて怒った晋作は軍艦丙寅丸に乗り込み、夜陰に紛れ幕府軍艦4隻の間に入り込み夜襲をかけ、猛烈な砲撃を加えた。晋作得意の電撃作戦である。夜襲は征長軍を驚愕させ、幕府軍は夜陰なので敵味方の区別がつかず同士撃ちを行い、混乱を極めた。この作戦はそれまで弱腰であった長州側の士気を大いに鼓舞することになったのである。そして長州藩でも応援部隊を派遣することになり正規兵450人を送り込んだ。それに対する幕府側は2千1百人であるが、激戦の結果闘志と地の利に勝る長州軍が幕府の大軍を後退させる結果となった。

その結果、長州藩ではこれまでの消極戦法の方針を転換し、第2奇兵隊を援軍として差し向け、同日周防大島に渡海、進撃を開始することとなった。長州軍による大島奪還作戦が始まると、山岳部に隠れていた民衆による幕府軍へのゲリラ戦による反撃が始まり、地形を生かし軍民一体となった戦いの結果、最初優勢を誇っていた幕府軍は破れ、幕府軍艦は大島に上陸していた将兵を収容し、広島方面へ逃走した。こうして作戦では最初捨石とされていた緒戦の大島口の戦いは、晋作の逆襲で思いがけず長州軍の勝利となったのである。

第５節　芸州口の戦い

広島には征長軍先鋒総督府が置かれ、征長軍は大竹から岩国に至るコースに幕府洋式歩兵、紀州、彦根、越後高田藩などの大軍を終結させており、６月11日軍議を開き、彦根藩は岩国を、高田藩は海上より軍艦にて新港を攻撃、幕府歩兵部隊は先鋒軍の進撃を支えるという作戦を樹立した。

長州側も征長軍の最大兵力が来襲することを想定。同陣営には遊撃隊３３０人、御楯隊２３０人、集義隊１００人、鴻城隊１５０人、岩国兵など併せ四境中最大の２千人の兵力を投入したが、征長軍はそれをはるかに上回る５万１千人の兵力を投入した。だがその実態は各藩の寄り合い所帯であり、無理に動員されてきた戦意のない部隊であった。部隊編制は一応騎馬隊、歩兵隊、鉄砲隊と備えてはいる。

だがその装備たるや、各藩とも兵制改革など行ってこなかったので、指揮官は戦国さながらの鎧兜に身を固め、兵士は槍、刀に火縄銃という古色蒼然たる陣容であった。芸州口軍隊の中には徳川慶喜自慢の直属で、フランス軍将校の訓練を受けた幕府洋式歩兵部隊もいるが、その装備はほとんどが旧式のゲベール銃か、新式銃は装備してはいたが結成後日がなく、訓練不足で銃器の扱いには慣れぬミニエー銃部隊であった。

対する長州軍は少ない兵力とは言え、ミニエー銃など最新兵器と益次郎によって兵士はよく教育訓練されていた。また近代戦法を熟知した指揮官に率いられた、郷土を守ろうとする旺盛な戦闘精神に満ちた近代洋式軍隊である。それに主力をなす兵士は、俗論党討伐や連合艦隊相手に実戦経験豊富な、修羅場をくぐってきた歴戦の勇士である。長州軍、幕府軍は芸州と長州の境を流れる軍事拠点の要衝小瀬川を挟んで対峙した。

ここで活躍したのが幕府軍と直接境を接し、対峙した吉川経幹率いる岩国藩、遊撃隊である。大砲数門をあらかじめ配置しておき、山上から幕府軍に向け一斉射撃を行い、大混乱に陥った幕府軍は逃走した。散開戦術の効力である。

最初、幕府軍総督府は芸州軍を先鋒に攻撃をする手筈であったが、初めから戦意のない芸州軍はこれを見て、「長州藩は誼を通じた隣国であり、毛利家の出身地であるから我々は中立を守る」として出動命令を断った。

そこでやむなく幕府軍は先鋒に彦根藩の軍と、越後の榊原隊を出動させることにした。これに対して長州軍参謀は藩主敬親名で芸州侯に対し、中立の立場を取ってくれたことに深く謝意を表している。これはてきめんに効果があり、以後芸州藩は中立の立場から一転して長州側に就くことを鮮明にするのである。これについて、

「6月13日夜、先鋒の井伊、榊原の兵は大竹に進み、井伊の一隊は苦の坂に備え、明朝を待ちて将に我が境域に侵入せんとす。夜半大竹の敵兵、和木村を砲撃すること数回、是においても我が軍先ず書

を芸侯に致し、我が応戦の大義を明らかにす」（『幕末維新長州烈風伝』）。とまずは隣国芸州藩が中立を保ってくれたことに謝意を表している。

14日未明、長州軍は適地に大砲を敷設、戦闘が始まると密集体系を組んで攻撃してくる幕府軍に激しい砲撃を浴びせた。次いで機動力と最新式銃器に勝る長州軍は益次郎が開発訓練した散兵戦術を取り、射程距離の長い新式銃で山上から、あるいは側面からと縦横に征長軍を攻撃し、征長軍は大混乱に陥り、船に乗って広島へ逃げ帰った。

幕軍の大きな敗因として彦根、高田藩士とも戦国時代さながらの装備で、且つどのように攻撃すべきか作戦自体が十分練られておらず、軍として機能してはいなかった。また事前に軍議で決定した事柄が全然守られず、最新装備を誇る慶喜自慢の幕府歩兵部隊は広島に来ていながら、出陣さえしなかったのである。征長軍の敗北は固定した身分制による前近代化軍隊であることと、大軍ではあっても各藩の連携が取れていないなど作戦・戦争指導の限界とにある。

それと芸州藩の動きである。広島は本来が毛利家の出身地であり、昵懇の間柄で最初から長州藩とは争いたくなかったのだ。そこで芸州藩では使いを出し、長州藩の廣澤眞臣と和議の交渉に入らせ、交渉は成立。その結果、長州藩は芸州から撤兵することになり、その見返りの条件として芸州藩は幕府の軍事情報を提供することになった。

こうして長州藩では幕府の大軍を前に兵力を温存することができ、不利を悟った幕府軍は本営が置かれていた芸州から撤退を余儀なくされた。本営が置かれた幕府の拠点芸州口でも長州藩は勝利を収めることができたのだ。

長州の利点として大きな要因は、持久戦に必要な民衆の支持を得ることができたことであり、民衆が藩土防衛に燃えており、晋作が連合艦隊と交渉のキューパー提督に「長州人民は火の玉となって領土を防衛する」と豪語したことはあながちはったりではなかったのだ。また戦場となって被害を蒙った芸州住民に対し、長州藩では速やかに救助の手を差し伸べているが、これも大きな効果があった。

特に藩土防衛意識は支藩岩国領で顕著であった。それは岩国藩主自らが前線の先頭に立ち、陣頭指揮を執ったこと。また民兵組織が結成されており、数百名の民兵が藩域防衛の任務に従事し、少ない長州兵を防衛部隊として側面援助している。これは長州藩における特異な現象であり、会津藩では戊辰戦争時、新政府軍が城下に侵入しても「戦は侍がやることだ」という気風が強く、民衆は傍観者風であったといわれる。

第６節　石州口攻防戦

日本海に面する津和野、石州口においては大村益次郎が直接指揮を執った。直属する兵力は南園隊、清末藩兵、三田尻精鋭隊など総勢７００名（１千名説もある）余りに過ぎない。益次郎は最初、この地域が津和野藩境にあるため同藩との紛争を苦にしていたが、津和野藩は長州藩との対立を避ける為中立の立場を取り、長州軍の藩内通過を黙認したのである。この為長州軍は無駄な兵力の消耗を避けることができ、貴重な兵力を温存することが可能となったのである。

一方幕府軍は浜田、福山、鳥取、和歌山、松江の各藩兵で構成されており、兵力約３万人の大軍を擁していた。幕府軍は浜田藩内に拠点を置き、浜田、津和野藩兵を先鋒として、中堅、後方にそれ以外の藩兵を置くなど万全の態勢を取った。

ところが幕府側には、前述のように津和野藩が中立宣言を発するなど、思わぬ誤算が生じた。津和野藩は隣国でもあり、以前から長州藩とは親交があったので、動員令に応じて参戦はしてみたが、芸州藩の動向を見て公然と中立を宣言したのである。この為、長州軍は同地を迂回することなく、一気に浜田領内に進出することができたのだ。

そこで益田に到着した益次郎は、事前に準備しておいた情報宣伝活動を展開した。彼は民衆の支持

を取り付けるべく沿道に高札を立て、住民に対幕府戦争に踏み切らざるを得なかった事柄を懇切丁寧に説明した。その内容は、

1　領民を騒がし候もよんどころなき次第につき、何かと難儀の角もこれあるべきにつき、遠慮なく訴映ずべし。それぞれ詮議を行うべきこと

1　兵火のために難渋餓渇に及び候村々は、訴え出次第速やかに処置すべきこと

1　兵士乱暴堅く相禁じ候。自然の儀も候わば速やかに訴えすべし。きっと厳科に処すべきこと

この高札の効果が出たのか、津和野藩内の住民も長州兵に握り飯を提供するなど、好意をもって接してくれた。遠方から侵入してきた幕府軍よりも、隣接し、日頃から行き来のある長州藩に親しみを感じていたからである。お陰で益次郎率いる長州藩は、津和野藩兵や住民の抵抗にあうこともなく、楽な行軍が可能となった。

益田に到着した長州軍は浜田藩兵と対峙した。浜田軍の総数はおよそ2100〜2500名である。その為稀に見る激戦となったが、近代兵器と訓練が行き届いている長州軍は益田川渡河に成功し、縦隊編制で敵と対峙すると散開し、遊撃戦に持ち込んだ。続いて秋葉山方面から駆け付けた別動隊と合流するに及んで、戦況は次第に長州軍有利の情勢になり幕府軍を圧倒し始めたのである。

一敗地にまみれた幕府軍は一挙に士気が低下した。こうなると各藩の寄り合い世帯だけに軍としての統率力を失い、各藩は浜田城に向かって各自撤退を始めた。それでも浜田城付近にはいまだ無傷の徳川親藩の紀州藩が布陣している。

堅固な城に立てこもり、しかも数倍に上る幕府軍に少数兵力の長州藩が攻撃を仕掛ける、という戦法は兵学上無謀と言える作戦であり、通常攻城戦には４～５倍の兵力を要するといわれる。ところがそれが可能となったのは幕府軍に戦意がなかったこと、更には長州側には早くから準備をしていた攻城用の近代火砲が整備されていた、という好条件があったからである。攻城砲は威力を発揮した。浜田城はたちまち猛火にさらされ、浜田藩士は動揺をきたし、近くに布陣する紀州兵でさえ退陣の動きを見せたのだ。

それに幕府側にはまたもや誤算が生じた。この戦局の帰趨を決する重大な局面を迎えて、松江藩は隣接諸藩が皆長州側に寝返ったのを見て「我が藩は長州藩に対する近隣の情義を以て、幕府軍に加担しないことを決定した」という申し入れを幕府軍首脳に対して行ったのである。ここにおいて孤立状態になった浜田藩は苦境に陥り、長州側に停戦を申し入れしたが、停戦条件として浜田藩内の征長軍を20日以内に撤収させることを条件として申し入れた。浜田藩では抗戦派と籠城派で議論がまとまらず和議交渉中、雲州勢は兵の大部分を本国の防衛が大事と勝手に海路帰国させた。状況が自藩に不利と見た浜田藩主は自ら城に火を放ち逃走した。

益次郎はなおも抗戦を続ける城内に大砲を打ち込むと同時に、兵に一斉射撃を命じた。城内は大混乱に陥り、この状況を見て城の近くに陣を張っていた無傷の徳川親藩紀州軍も、戦闘に入る前から算を乱して逃走していった。

このような状況に浜田城下では町民の不満が爆発し、無政府状態となり浜田の町役人では収拾がつかず、町役人は長州軍が浜田城下に入って秩序を回復してくれるよう懇請し、長州軍は浜田城に入った。大島口、芸州口に続いて長州軍の大勝である。

数百名の長州軍が3万人を超える幕府軍に勝利した要因はまず、

第1に、長州軍には民衆も含め、外敵から領土を守ろうとする旺盛な戦意があるが、幕府軍にはそれがなかったこと、また各藩寄り合いの烏合の衆であり、軍としての統一性がなかったこと。指揮官に訓練を積んだ有能な士官が存在しなかったこと、また幕府軍には実戦体験がなく、攻撃されると恐怖にかられ逃走状態になること。

第2に、長州軍は、兵士全員に近代兵器であるミニエー銃を装備させていたのに対し、幕府軍は旧式のゲベール銃や火縄銃であり、前者は敵の射程外から銃弾を浴びせることにより、味方は被害を受けずに敵を駆逐できたこと。

第3に、長州軍は少数の兵を有効に使う為、自然の地形や遮蔽物を上手に使う散兵戦術を取ることで効率を上げたこと、また、まず最初に昔ながらの密集体制で攻撃してくる幕府軍に大砲を打ちかけることで大きな効果を上げたこと。

第4に、益次郎が出師に関する檄を掲げ民心掌握に努めたのに反し、幕府軍は民家を砲撃するなど軍に対する反感を植え付け、非協力的な行動を誘発したこと。

第5に、益次郎はわずか12年前に行われた、英仏連合軍対ロシア軍のクリミア戦争の最大の激戦「セバステポリ戦争記」3冊を入手し、近代戦術の参考として四境戦争にも応用するなど、西洋近代兵学を存分に活用していたこと（前掲『大村益次郎』）。
などが勝因として挙げられる。

第7節　小倉口攻防戦

四境戦争最大の激戦区と予想される小倉口は慶応2（1866）年6月17日、他の戦場とほぼ時を同じくして戦端が開かれた。小倉藩は幕府譜代大名であり、これまでも長州藩とは関門海峡を挟んで対立を続けていた。いわば犬猿の間柄であり、それだけに長州藩の戦意は燃え盛っていた。そこでここを主戦場とみた幕府軍は、総督には江戸から出張ってきた老中小笠原壱岐守を据え、自ら陣頭指揮を執る体制を取り、小倉藩兵を先鋒に据え、門司、壇之浦に布陣した。

大里には精強を誇る肥後藩が、長浜には久留米藩が布陣。それに幕府艦隊が加わり、総兵力は2万人を超える軍勢である。前線には幕府海軍が誇る最新鋭軍艦4隻を備え、万全の体制を整えていた。

一方、長州軍は高杉晋作を総帥とし、直属の奇兵隊、それに長府報国隊など総勢1千人余りであり、海軍は旧式軍艦5隻に過ぎず、兵力差は歴然としていた。それにもかかわらず実戦力にはさほど大きな差はなかった。それは長州藩には、

第1　ようやく購入できたイギリス製スナイドル銃など射程距離が長い、最新式銃器や大砲など近代兵器を装備していた。

第2　兵には大村益次郎が精魂込めて育成・訓練した洋式訓練の成果が出始めてきた。

第3　長州軍は対連合艦隊、正義派対俗論党藩内統一戦など実戦の修羅場を潜り抜けてきた歴戦の兵士がそろっており、戦闘方法を熟知していた。
第4　長州軍の戦意は幕府軍とは比較できぬほど高く、藩民一体となっていた。
第5　総帥の器の相違が挙げられる。天才戦略家高杉晋作と凡庸な老中小笠原壱岐守とでは比較にならぬほど兵の統率力、勝機の判断力、作戦の巧妙さがあった。

一方、これに対する幕府軍は大軍と言えど各藩の寄り合い世帯の烏合の衆であり、初めから戦意に乏しく、装備は戦国さながらの槍、刀、火縄銃など旧式武器であり、戦闘方法も知らない泰平の世に慣れた実戦経験のない軍隊であった。

まず口火を切ったのは高杉晋作率いる長州軍であった。関門海峡を渡河し豊前壇之浦と門司に急襲をかけた。晋作得意の電撃作戦である。その様子を的確にとらえている「小倉口注進状」を現代文に訳すと、

注進状

「長州海軍は下関海峡に5隻の軍艦を並べ、その指揮を執ったのは高杉晋作である（奇兵隊総督　山内梅三郎）。この時幕府軍は壇之浦に布陣していた。そこに向かって長州海軍は門司、壇之浦に分けて進撃を開始する。午前6時、門司、壇之浦に密集する幕府軍に向かって海から砲撃を行った後、奇兵隊、報告隊（長府藩兵）、山内勢約600人が上陸して激戦となったが、幕府軍先鋒の小倉勢約8千人はかなわぬとみて退却を始めた。海軍は丙辰、乙丑、庚申丸の3隻を壇之浦港深く侵入させ、上

陸した部隊と力を合わせ幕府側の海岬の砲台を使用不能にした。また、小倉側の野戦砲や火器はことごとく奪い去ることができ大勝利を挙げる結果となった。奇兵隊、報告隊の働きは十分である。委細は後刻ご報告申し上げる」。

7月初旬　長州軍は戦略目標を大里において、夜陰に乗じ門司に上陸した。早速兵を三道に分け、風師山、矢筈山の麓を通って小倉軍の諸塁をやぶって大里を抜いた。

「防長四境之段」に「彦島砲台及び丙寅、丙辰、庚申の三艦之に応援して、海上より砲撃を加う」と、長州海軍が砲門を開いて艦砲射撃を行い陸戦隊を援けるなど、見事に連係プレイがなされたことが記述されている。開戦前急遽買い入れた長州の軍艦は見事にその機能を発揮したのである。

7月27日　長州藩は小倉侵攻の方略を定めた。すでに晋作は持病の労咳が悪化していたので、下関の回船問屋白石正一郎宅の病床で指揮を執った、とある。晋作の病がいつ頃発生したかは分からないが、少なくとも俗論党政権を倒し、藩政を掌握した後、西欧留学を企図していた時点までは、さほど病状も悪化していなかったのだろう。それが四境戦争に突入する頃から不調を訴えるようになったといわれる。

この頃戦況は精鋭を擁する肥後藩兵の健闘により、予想以上の抵抗を受け激戦となる。幕府側が小倉港から出撃した軍艦から艦砲射撃を行うと長州側も進撃できず、引き分けの形で夜半になり一時休戦となった。

翌28日、戦線が膠着状態に陥っては不利になるとみて、病の床に就いていた晋作は前原一誠と協議を行っていたが、翌日戸板に乗って前線に出た。カリスマ性がある晋作が表に出たとなると、長州軍はにわかに活気づき、反対に幕府軍は長州軍の猛攻に恐怖心に駆られて、一気に士気に影響が出始めた。晋作は得意とするゲリラ戦と近代火力の力を巧妙に組み合わせ、戦況は長州軍に有利な展開となってきた。

29日、幕府軍総督小笠原壱岐守は劣勢を挽回すべく、傘下の諸藩に総攻撃の命令を下したが、小笠原と肥後藩指揮官との間に作戦方法をめぐって対立が生じ、肥後兵は勝手に陣を引き払って引き揚げてしまった。すると厭戦気分にとらわれていた各藩の将兵は総督の下令に従わず、前線に出ることなく幕府軍は混乱状態に陥ったのである。

そこに大坂城に出張っていた将軍家茂が逝去した旨の知らせが届いたのだ。これを聞いた小笠原壱岐守は恐怖にかられ小倉口総督でありながら、兵を置き去りにして小倉城から船でひそかに脱出し、長崎に逃げ、更に江戸へ向かって逃走した。

それを見た肥後、久留米、柳川各藩の兵は、我々がこれ以上無意味な戦を続ける必要はないと各自、陣を払って帰国してしまった。ところが取り残された小倉兵は、自国内での戦であるだけに逃げるところがない。そこで小倉兵はやむなく城下に火を放ち、山岳部に立てこもって徹底抗戦に出てきた。今度は小倉側がゲリラ戦に出たのである。

この為長州軍は小倉口でも勝利を収める結果となったが、散発戦として戦は10月まで延々と続いてはいた。だが事実上住民に対する統治権は放棄され、従軍していた各藩兵はそれぞれ帰国し、小倉はその後長州藩の支配下に入ったのである。8月31日小倉落城。これをもって第二次征長戦争は長州側の勝利で事実上終結を見た。

第10章　倒幕戦へ

第1節　征長軍敗北と停戦

8月16日将軍家茂大坂城にて逝去。すると徳川慶喜は参内して第二次征長戦争停止を奏請する。21日、征長停止の沙汰書が交付される。ここに長州、幕府間で正式な停戦交渉が行われる前に、慶喜は勝手に戦争終結の手続きを終えてしまったのである。

慶応2（1866）年12月5日、それまで徳川宗家のみを相続していた慶喜は正式に徳川家第15代将軍・内大臣に就任した。それ以前、将軍就任前の慶喜は、自分がフランス軍事顧問団の援助を受けて養成した自慢の洋式歩兵部隊を、自ら率いて長州軍と直接対決しようとした。この時点では幕府軍が勝てると踏んで意欲満々であり、孝明天皇から節刀を賜るなど出陣準備に余念がなかったのである。

ところが大坂での動員計画中、最大の激戦地小倉口での戦いは幕府軍の敗北に終わり、総督小笠原老中は江戸に逃げ帰ったとの報告が入ったのだ。すると慶喜は一転して弱気になり、今度は征長中止を奏し、勅許された。

次いで慶喜はそれまで自分より政治力が高い為、嫌って遠ざけていた勝海舟を海軍奉行に抜擢し停戦交渉を行うよう命じたが、その交渉の内容たるやプライドが高い慶喜らしく、幕府としては長州藩に対し寛大な処置を講ずる旨の通達であり、これでは和解ではなく長州藩の罪を許す、という趣旨になる。

この話を聞いて長州藩は怒った。第二次征長戦争を起こしたのは幕府であり、全ての戦線において勝ったのは長州藩なのである。幕府がこの期に及んで敗戦を認めないならこの際一挙に倒幕に踏み切るべきだ、という主戦論が城内で沸き起こった。

冷静沈着で戦況がよく見える勝には、慶喜の都合の良い言い分など通らないことは分かっている。9月初旬、勝は広島の宮島に来て長州側代表廣澤眞臣、井上門多と協議を重ね、苦心の末『御一新』を行うことでようやく休戦協定を取りまとめることができた。「御一新」とは幕府が政権を放棄し、朝廷に政権を返上すること、つまり『大政奉還』論である。これとは別に坂本龍馬が原案を練って、後藤象二郎が提唱した構想でもあり、徳川慶喜に受け入れられることになる。

この間、長州藩では戦争継続を唱える主戦派が「我が藩は未だ不敗であり、余力は十分ある。幕府の力はつかむことができた。断固戦は継続すべきである」という論議を展開した。これを抑え他日を期すことを主張したのは政務役首座木戸貫治である。木戸は四境戦争では地の利を生かして勝つことはできたが、現在の長州一藩の力では長駆江戸へ攻め上り、長期戦を継続するだけの軍事力も軍需物資の補給力もないとみたのである。

また現在、薩長同盟締結という動きも煮詰まりつつある。以上の点から倒幕はまだ時期尚早であり、今はまだその時にあらず、とみた。木戸らしい冷静で時局を見極めた判断力であった。また全軍を掌握して内情をよく把握している益次郎も、このまま戦争を続行すれば戦線は拡大して長期にわたり、内乱状態になることを恐れた。そこで完全に勝利が見込まれる軍備が整うまで国力の充実強化に努めるべきだ、と主張した。

この頃、政局でも時代は激動していた。薩長武力倒幕派が力をつける一方、幕府は停戦後、徳川慶喜を首班とする『雄藩会議』を考えており、松平春嶽、山内容堂ら賢侯と呼ばれる諸侯もこれを支持しているが、これを画策したのは島津久光である。これに対し長州の木戸、大村らは武力倒幕路線であるが、この点では同盟関係にある薩摩の西郷、大久保も武力倒幕派であって、その意見も聞かなければならない。

一方、停戦交渉であるが、長州藩では激論の末「勅命を受諾する」という形をとって木戸らが主戦派を抑え、停戦案を受諾することに決定した。

京都ではそれまで和宮降嫁事件の責任を取り、蟄居していた岩倉具視が復権し、薩摩の大久保と組んで倒幕に向け、宮廷内で政治工作に乗り出している。そこで長州藩では四境戦争を勝ち抜いた教訓を生かし、倒幕に向け長期戦略を立て、薩長同盟を強固にするとともに軍備を再点検し、徴兵制を基本とした国民軍創設に向け研究を進めていくことにした。

慶応2（1866）年8月31日、小倉城落城をもって長州軍圧勝のうちに、一応第二次征長戦争は終結した。その間に久光の思惑や家老ら首脳部の慎重論もあり、去就が定かではなかった薩摩藩では家老小松帯刀、軍事権を握った西郷隆盛、大久保利通ははっきりと武力倒幕路線を明確にする。

　そして薩摩に倒幕の密勅が下されたのが慶応3（1867）年10月13日。それと並行して島津久光は自らが主導して松平春嶽、伊達宗城、山内容堂を語らい四賢侯会議による「雄藩会議」を企図するが、慶喜は大坂城でフランス公使ロッシュの助言を受け、彼らに主導権を握られることを恐れ、その弁舌をもって雄藩会議を挫折させる。これを受けて土佐の山内容堂は後藤象二郎の建議をもとに『大政奉還』の建白書を幕府に提出するなど政局は矛盾と混迷の度を深めていった。

第2節　大政奉還から倒幕へ

　このように政局が目まぐるしく変動する中で、慶喜は同年10月14日大政奉還を行い、自らが主導する雄藩会議を企図する。一旦政権を返上しても、政権運営になれない諸藩は結局慶喜に頼らざるを得ないと踏んだのである。

　ところがはっきりと武力倒幕路線にかじを切った薩摩は、四境戦争以来長州寄りとなった芸州とも組み、9月18日薩、長、芸3藩同盟を結成し、出兵協約を締結する。そして一時長州軍の出兵に伴い、薩摩、芸州も呼応する予定であったが、この時は薩摩藩内の出兵に慎重な一派の動きにより幻の出兵に終わった。

　同時に武力倒幕派の動きを封じる為10月14日、二条城において雄藩の家老を集め徳川慶喜から大政奉還の宣言が行われた。これはすぐさま朝廷に上奏され翌15日、勅許の沙汰が下りた。この大政奉還を行った慶喜の思惑は「いったんは政権を朝廷に返上した後、全国でも随一の領土、財力、人材を有する徳川家及び政治手腕に優れた慶喜が政権を運営しなければ、政治は運営できない」と踏んだからである。そこで有力諸侯による雄藩会議を主導して、事実上慶喜が政権を主導する考えであった。

　それに対し、薩長倒幕派はそのような行為は許さず、あくまで武力による倒幕を狙った。特に薩摩藩は、武力による倒幕の為廟堂を動かして密勅を奉じ、倒幕の先鋒となっており、11月13日、藩主忠義が3隻の軍艦を率いて、毛利家世子広封に会見する為防州三田尻に到着した。そこで薩長は挙兵に関する要件を決議し、11月25日、長州藩兵は三田尻を出発、西宮に集結した。武力倒幕への準備は着々と進められていたのである。

慶応3（1867）年9月18日、第二次征長戦争以来中立を宣言していた芸州藩は、薩長芸3藩で武力倒幕の密約を締結する。不思議なことに土佐や肥前より先に倒幕に踏み切った芸州藩は、その後の鳥羽・伏見の役以降の倒幕戦争で表に出てこず、明治新政権誕生後の人事でも政権に関与することなく、土肥の後塵を拝するのだ。結局芸州には家老辻将曹以外人材がいなかったということか。10月24日、慶喜将軍職を辞す。

一方、武力倒幕の動きとは別に、12月に入ると薩摩藩は赦免されてまもない謀臣岩倉具視と連携し、宮廷工作を始めたのだ。その結果、同月9日薩摩、土佐、芸州、尾張、越前が賛同し政権は朝廷に返上する、とする『王政復古の大号令』が発せられた。

これは名実ともに徳川家を除く新政府の発足であり、天皇の下に総裁・議定・参与の三職を設置した。そして総裁には有栖川宮熾仁親王を推戴し、議定には皇族・公家と松平春嶽、山内容堂ら諸侯10名、参与には公家から岩倉具視、雄藩代表として薩摩藩から西郷隆盛、大久保利通、土佐藩から後藤象二郎、福岡孝弟、長州藩から木戸孝允、廣澤眞臣が任じられ、雄藩連合という形で発足した。

ところが9日夜の明治天皇臨席の『小御所会議』ではこのような重大な会議には慶喜を呼ぶべきだ、

とする松平春嶽、山内容堂らと復権した岩倉具視とが対立し、激論の末、薩摩の武力を伴う圧力が勝り、慶喜に辞官・納地を命ずるとの方針が決定した。

このような佐幕派と薩長倒幕派の対立が続く中、業を煮やした西郷の命令で江戸市中では薩摩系浪士が狼藉を繰り返し、遂には市中警護の庄内藩邸を襲撃した。その為12月25日、怒った旧幕府兵は報復に薩摩藩邸を焼き討ちする挙に出たのである。

この報告はすぐさま大坂城にいる慶喜のところへもたらされ、城内の幕兵は憤激し、慶喜を突き上げた。この時点で慶喜は必ずしも挙兵に賛成ではなかったが、強硬派の薩摩討つべし、という声に押され『討薩の表』を掲げ京都へ進撃することになった。

慶応4（1868）年1月3日、京へ向け進撃した幕府軍は鳥羽・伏見街道において薩長主力の新政府軍と激突した。幕府軍の意図は朝廷に薩長の横暴を非難・提訴することにあり、必ずしも戦闘を望んでいなかったので戦意は乏しかった。その為一列縦隊で狭い街道を進み、途中で出会った薩摩軍の代表と押し問答を繰り返すが、大砲には砲弾が装備されていないなど戦闘状態は不十分であった。

それに対する薩長倒幕軍は、最初から戦端を開くつもりであったから戦意は旺盛で、戦闘準備も万全であり、あらかじめ街道筋には土塁を築き、手配しておいた寺社に隠れ、幕府兵を狙撃するなど得意の散兵戦術をとった。兵力差では幕府軍1万5千人に対し、薩長は約5千人で三分の一に過ぎなかったが、緒戦は万全の戦闘準備と地形を生かした薩長の勝利に終わった。だが、翌4日は新撰組の抜刀隊による突撃、兵力に勝る幕府軍が優勢になり、一進一退の攻防が続き戦局の展開は未だ決しなかった。

散兵戦術（散開戦闘法）は一説に大村益次郎が研究開発した戦術とされ、少数の兵士が密集してくる大軍を相手にする場合、地形を有効に活用し、縦隊若しくは横隊で進撃してくる大軍に対し、大砲を打ち込み敵軍をかく乱させておき、少数側は遮蔽物、土塁などの陰から敵を狙撃する。この戦法は少数の長州軍が幕府の大軍を相手にした第二次征長戦争、鳥羽・伏見の役で特に効力を発揮した。外国の例では1880年、金脈をめぐる利権争いで、オランダの子孫ボーア人のトランスバール共和国を大英帝国が併合しようとして戦争が勃発。イギリスの精鋭部隊を、武器でも兵力でも劣る共和国が地形を利用した散兵戦術で破ったが、年代からして益次郎がボーア軍の戦術を模倣したわけではない。

互角の戦いをしていた鳥羽・伏見の役で、局面が変わったのは5日である。突如倒幕軍に『錦旗』が翻ったのである。この錦の御旗は長州藩士品川弥二郎のアイデアと言われ、岩倉具視があらかじめ玉松操に命じて作らせておいたのだという。錦旗の威力は絶大であり、朝廷に対し歯向かうことは賊軍になることを意味し、恐れ多いというので幕府軍には腰が引ける諸藩が続出した。幕府軍は態勢を立て直すべく淀城に向かったが、現職の老中稲葉正邦を出している淀城家臣は城門を閉ざし、逃げ込もうとする幕府軍の入城を拒んだのである。

こうなると様子を見ていた徳川御三家のうち尾張、紀伊家それに慶喜最大の援護者である家門筆頭の松平春嶽を擁する越前藩や、徳川譜代で井伊大老を輩出した彦根藩、徳川の藩屏となるべき藤堂藩までもが「官軍に逆らうことは賊軍の汚名を着ることになる」と大義名分を掲げ、倒幕派から正式に官軍となった薩長に恭順の意を表したのだ。これを見て主に西国の佐幕派諸藩も次々と新政府軍の軍門に下ったのである。

このような経過を踏んで幕府軍は関西の拠点で慶喜がこもる大坂城に向けて敗走するのであるが、大軍を擁した幕府軍敗北の要因はどこにあったのかを分析してみると、

1 薩長倒幕側は、腐敗した幕府に勝利して西欧列強に伍していける新国家建設を実現する、という明確な意志と旺盛な戦意を持っていた。

2 薩長倒幕派は早くから西欧式近代軍隊建設を意図し、最新兵器など軍備、緻密な作戦、近代軍事力など戦略思想を構築してきたのに対し、幕府側は旧態依然とした体制と懸案事項の先送り、事なかれ主義の考えから最後まで抜けきれなかったことの違い。

3 軍備についても、薩長側は射程距離が長い英国製の最新式兵器、スナイドル銃を装備するなど軍備近代化に努めていた結果、戦闘でも被害は少なかった。

4 戦略としての将帥の育成・確保がなされており、また、兵士を実際に動かす幹部としての士官の育成など実戦機能の訓練が施されていた。

5 倒幕に向け明確な戦略（薩長同盟など）を確立していた、軍の運用としての用兵術、戦術としての散開戦術、築城術など（土塁構築を含む）運用方針が確定していた。

次に幕府側の敗因についてあげると、

1　西国諸藩を中心に36藩十数万人という大軍を擁しながら、寄り合い所帯であり指揮命令系統が不明確で軍としての統一性に欠けていたこと。

2　各藩ともいやいやながら動員された兵であり、自藩が損害を受けることを嫌い、初めから戦意にかけていたこと。

3　各藩とも刀、槍、火縄銃、既に旧式となったゲベール銃といった武器、戦国時代と変わらぬ重い鎧兜、武器・装備が中心で、かつ実戦経験がなかったこと。

4　また軍近代化については幕府も慶喜直属の洋式歩兵隊を持っており、ミニエー銃など近代兵器を所持し、フランス陸軍のシャポアン大尉が指導していたが、育成する時間がなく兵の訓練不足と士官の指揮能力欠如で、実戦では機能しなかった。

5　幕府とて武力を高める為、安政年間から講武所を設け旗本、御家人の訓練に着手したが、俗に旗本8万騎と言われた彼らはプライドが高く、銃隊など洋式訓練は足軽がすることとして訓練にはなじまず、最後まで近代軍隊としては機能しなかった。

6　だが幕府軍最大の敗因は、鳥羽・伏見の役では幕府側最高指揮官であり、討薩の檄を飛ばした徳川慶喜は大坂城に居座り、最後まで前線に出ず、実戦の場面では各藩の寄り合い所帯の為、実質指揮官がおらず指揮命令系統が不明確であったことであろう。

それどころか大坂城に充満する1万数千の幕府軍、会津・桑名の兵を前に、慶喜は得意の弁舌で薩長を討つべし、と激しい檄を飛ばしたが、その夜のうちに戦意旺盛な幕兵たちを見捨てて、松平容保ら少数の側近を連れて大坂城を脱出し、海路江戸へ逃げ帰る、という無様な姿をさらした。慶喜は頭脳明晰で雄弁ではあるが、第二次征長戦争や鳥羽伏見の役、江戸城明け渡しにみられるごとく、実戦となると弱さが表面に出るのだ。

そのうえ慶喜は、大坂城においても江戸城においても十分な兵力があり、地の利からしても勝機は十分あるにもかかわらず、ひたすら恭順の意を表して上野寛永寺に蟄居し、更には水戸、そして駿河を転々とする中で天璋院などを通じ助命を乞うていた。

ここに東征軍総督に任命された有栖川宮熾仁、参謀西郷隆盛を中心に江戸への進撃が開始されるのである。その外東海道鎮撫軍（参与橋本実梁・参謀長州藩士木梨精一郎）山陰道鎮撫総督（公家西園寺公望）中国四国征討総督（薩摩大山綱良）九州鎮撫総督（公家澤宣嘉）等主に公家、薩長藩士が鎮撫総督として任命され、1月中に西日本諸藩は抵抗することはなく、幕府親藩・譜代を問わずほとんどが新政府軍に帰順して江戸への進撃に加わっている。

第3節　新政府誕生

そこで新政府から命ぜられ、治安維持の為長州軍は世子広封が軍を率いて出府することになった。益次郎は出兵に際し軍を統括することになり「軍防事務局判事加勢」の職に就任する。事実上長州軍を束ねる最高の職に就いたことになる。

この時期になると新政府は公家、大名の地位を華族として格上げし、その代わり政治の世界からは遠ざけて、政権運営の実権は維新の三傑と称される薩摩の西郷隆盛、大久保利通、長州の木戸孝允が掌握することになった。新政府では軍事は西郷が、政治は大久保、木戸が分担することになったが、大久保は堅実な漸進主義を取り、木戸は共和制を志向するなど主義、思想、政策の違いは次第に明確になる。

この公家、大名など旧支配階級を政権から排除して、新しい世界情勢の流れに柔軟に対応できる新進気鋭の中堅・下層階級の若手武士団を、政権の中枢に据えたことは我が国の近代化を達成するうえで大成功であった。幕末の四賢侯といわれた松平春嶽、伊達宗城、山内容堂、島津久光などは幕末の政治駆け引きにおいては有能であったかもしれないが、到底新しい時代の波には乗れず、特に国際情勢を理解し、西欧列強に伍して新たな分野を開拓していくことなど至難の業であったからである。

1月18日、新政府首脳特に大久保、木戸は陰謀と駆け引きが渦巻く守旧派の巣窟のような京都では、新しい政治を行うことは困難とみて、大久保利通の発案でとりあえず大坂に遷都することになり、廟議に付されることになった。その案は公家の反対で容易に決することにはならなかったが、2月3日木戸が賛成することにより天皇の裁可を得ることができ、江戸改め東京での親政が決定した。

五箇条の御誓文

このような状況下で木戸は旧弊を打破し、新国家構想を樹立すべく基本構想を提案。その原案を越前藩士由利公正、福岡孝弟（共に参与）が起草した。木戸が案文を点検、最終修正する中で3月14日、新国家の骨格をなす「五箇条の御誓文」が制定された。
その内容は、
1　広く会議を興し、万機公論に決すべし。
1　上下心を一つにして、盛んに経綸を行ふべし。
1　官武一途、庶民に至るまで、各其志を遂げ、人心をして倦まざらしめんことを要す。
1　旧来の陋習を破り、天地の公道に基くべし。
1　知識を世界に求め、大いに皇基を振起すべし。

ここに明治新政府による政治の骨格がほぼ決まり、政治の中心（政権所在地）も一旦は旧勢力の賛同を得る為、一応大坂とし、その後国際社会に認知されており、政治情勢、地形等諸条件を考え大久保が本命と考えていた、江戸改め東京へ遷都と決まった。

第4節　戊辰戦争へ

4月11日、江戸は無血開城し、薩長討幕軍は新政府軍として発足したが、江戸に住む旧幕臣の間には不穏な空気が充満していた。まず海軍副総裁榎本武揚は開陽丸など最新鋭艦7隻を率いて、勝海舟の慰留を振り切り品川沖から姿を消した。

次いで慶喜の肝いりで作られた幕府歩兵隊も開城の直前江戸を脱出した。中でも歩兵奉行大鳥圭介に率いられた精鋭部隊は２０００人ともいわれる。益次郎は大鳥派と東北諸藩（その後奥羽越同盟が結成）が合流することを非常に恐れていた。

東北地方では仙台藩、米沢藩などは新政府軍に恭順の意を表していたが、奥羽鎮撫総督には公家澤為量が就任し、参謀には品川弥二郎が就任すると状況が変わった。大総督府が命じた倒幕軍の宿敵会津と庄内藩に対する処分は非常に厳しい内容であり、かつ、総督付参謀長州藩士世良修蔵は仙台藩に会津藩討伐を命じるなど、かえって東北諸藩の団結を促す結果を招いたのだ。追い詰められた東北諸藩は一致団結して新政府に抵抗することを決め、仙台藩を盟主に推戴した。その内容は、「会・荘（庄）一致、前後米沢を説諭せん。米同盟せば、仙は直に同盟せん。仙・米・会・荘同盟せば奥羽諸藩一言にして同盟すべし」（『復古記』）。

　この間、仙台、米沢藩は鎮撫総督府に対して何とか会津寛典処分を実現すべく折衝を重ねたが、大総督府の方針を厳守する世良、大山によって妥協の余地なく尽く退けられた。特に世良の強硬方針は、以後も長岡藩家老河合継之助の中立政策を退けるなど、東北諸藩を刺激し、寛大な処置を取ればこれほどまでに至らなかった戊辰戦争を、いたずらに戦火を拡大させ、長期化させていったのである。

　一方、関東でも江戸を脱走した大鳥と幕府歩兵隊は下総で編制を終えた後、日光に向かい、新政府東山道軍と衝突したがこれを退けて北上を続け、大鳥の別動隊新撰組の土方歳三は宇都宮城を落とした。その後東山道軍に総攻撃を受け退去を余儀なくされる。

第5節　彰義隊結成

江戸では渋沢成一郎、天野八郎らが同志を集め上野寛永寺に入り、彰義隊を結成。皇室の縁戚である輪王寺宮と、その側近で新政府に徹底抗戦を主張する覚王院義観と接近し、対決姿勢を強めていった。彰義隊は最初1千人くらいであったが、諸藩を脱走した不満分子が参加し、最大2千人が上野山寛永寺を占拠し、立て籠った。

最初、大総督府は旧幕府軍と融和を図る為、市中見回りを彰義隊に任せたが、それを良いことに隊員は新政府軍の兵士を見つけると、因縁をつけ乱暴狼藉を働き、新政府軍とすぐに対立する関係になった。江戸市民も彼らの行為を是認するどころか応援までした結果、彰義隊は驕慢になり、薩摩兵への横暴な振る舞い。また因州から奥州へ運搬中の荷駄を奪い取るなど、その傍若無人さは止まるところを知らなかった。

ところが最初大総督府は、100万人と言われる江戸市民を敵にするのは得策ではないと考え、黙認する態度をとっていた。それは江戸開城交渉をめぐり、親密な関係ができていた勝海舟を信頼して治安を任せていた西郷にも責任はあり、大総督府の中にも不満は渦巻いていた。

このように関東、東北の旧幕府軍残党及び奥羽・東北の佐幕派諸藩の動きは不気味である上に新政府軍内部にも亀裂が生じてきていた。それらの情勢について益次郎は新政府に建言書を提出している。その内容は数十項目に及ぶが、大総督府の西郷をはじめとする首脳部が民生に暗く無策であると批判しているのである。

事態を重く見た新政府は徳川家処分、東北鎮撫、関東への脱走部隊、上野寛永寺の彰義隊鎮圧を喫緊の課題とした。が、これらの対応には軍事能力を必要とする。そこで登用されたのが益次郎である。益次郎の軍事能力については四境戦争で実証済みである。

益次郎の江戸出府は4月27日、岩倉、大久保、廣澤の評議により決定され、同時に軍防事務局判事への昇任も行われた。ところが木戸は益次郎の江戸出府は不満であり、彼には建軍全体の構築をさせるべきだと大久保に書簡を送っている。

一方、この頃東北では情勢の変化が露わになった。仙台藩では融和派が実権を握り、仙台、米沢藩では奥羽諸藩に呼びかけ、会津降伏謝罪の件を評議した。4月12日、仙台藩主伊達慶邦、米沢藩主上杉斉憲は新政府の九条総督に拝謁し、松平容保が罪に服していることから寛大な処分をと嘆願したが、最強硬派の世良に却下された。総督府に適材はいなかったのか。前述したが、特に参謀世良修蔵が柔軟な対応を取っておれば事態は変わっていたと思われる。

この対応に仙台、米沢藩をはじめ東北諸藩は降伏している者を今更討伐するとはいえず、このうえは京都の太政官に告訴する、として交渉に来た九条総督を軟禁状態に追い込み、事実上一致団結して反乱に方針転換していった。総督府の対応のまずさから服従も可能であった奥羽・東北諸藩を敵側に追い込んだといえるのだ。

関東では大鳥圭介率いる部隊は、会津に補給を頼りながら反転攻勢の機会をうかがっていた。この時期北関東は東三軍が担任で、指揮は参謀の板垣退助と伊地知正治がとっていた。名将と言われた板垣でさえ、彰義隊が来て大鳥軍と合流すれば会津と挟撃される、と危惧していたのである。

この時期、彰義隊の動向は極めて重要で、軍務を司る益次郎も一刻も早く上野彰義隊を征討しなければ仙台、会津と連携し、鎮撫総督府は瓦解しかねない、と危惧している。戊辰戦争を前に、益次郎の基本戦略はあくまで上野彰義隊討伐にあったのである。

第6節　新政府軍　軍資金の不足

ところでわずか2千人の彰義隊になぜ新政府軍が手を焼いたのか。寛永寺に立てこもったとはいえ、上野山自体そう高い山ではなく、また寛永寺は城郭ではなく、堀など防塁設備もない。

軍備と言っても武器弾薬も豊富ではない浪士隊に過ぎない。そのような環境にある彰義隊を攻略するのになぜ手間取ったのか奇異とするところである。

そこでその要因を探ってみたい。一つには政府内に攻略強硬派と慎重派の対立があり、容易にまとまらなかったこと、強行して江戸市民を敵にしたくなかったこと、天皇家の一族である輪王寺宮に気を使ったこと、などであるが、やはり最大の原因は新政府軍を動かす軍資金の不足にあり、その調達に益次郎は非常に苦慮していた。

彰義隊討伐の責任者は益次郎であったが、苦慮したのは軍資金の確保であった。新政府で財政を担当していたのは前越前藩士由利公正であり、彼は越前藩の財政を再建した名財政家とされていた。由利は新政府の資金調達について金札を発行すべきだと主張し、1月23日、会計基立金３００万両の金札発行が決定された。

だが資金調達は京都の商人では賄いきれず、おのずと裕福な大阪商人の手に移っていったのである。

ここに大阪に勢力を培った、五代友厚など藩士から転向した薩摩系商人と政府との癒着関係が生ずるのである。だがそれでも新政府の膨大な資金需要は賄いきれず、概略「益次郎は江戸城西の丸の宝蔵へ入り、取り出して銀座でそれをふかして、一方で金をこしらえることも考えるなど（中略）その苦しみは一通りではなかった」（『大村益次郎先生事績』）。というくらい大総督府は資金難であった。

明治初期の名財政家と言えば前述の由利公正、長州の井上馨、そして肥前の参与・外国係判事大隈重信である。そこで資金調達の為辣腕を見込んで新政府は大隈に、旧幕府がアメリカに発注していた軍艦ストーンウォール号の引き渡しを新政府に要求するよう命令した。ところがアメリカ側は要求に応じない為、そのやりくりで彰義隊討伐資金の調達は暗礁に乗り上げていたのだ。

幕末以来、日本はイギリス外交官ハリー・パークス及び通訳で知日派のアーネスト・サトウの仲介により「局外中立」政策をとっていた。サトウは幕末から維新にかけて、幕府より薩長倒幕軍と親密な関係にあり、後者に有利なようにと局外中立を宣言させたのであるが、国際法上の局外中立は幕府、新政府ともに対等の交戦団体と認め、その一方へ武器を提供することを禁じている。そこで新政府もストーンウォール号の引き渡しを要求できないことになった。

そこで新政府は辣腕家の大隈に、局外中立の間隙を縫って、外交折衝によって同艦の引き渡しをさせるように命じたのである。それが成功すれば懸案の旧幕府対新政府が交戦団体ではなく、新政府が正式の正統な政府であることも諸外国に承認されることになるが、国際法という法律がある以上容易に事は進まなかった。それはこの間、幕府を支持するフランス公使ロッシュが法を盾に反対し、引退を表明している慶喜になおも再起を促すなど国際情勢は依然緊迫していた。

そのような微妙で不安定な国際環境であったればこそ、わずか2千人の彰義隊討伐に益次郎及び新政府は慎重であったのであろうが、事実、江戸城内の大総督府内部にも弱腰過ぎるとして益次郎への非難が高まっていた。前述の薩摩の渡辺清なども再三西郷に強硬策に出るよう迫っていた。

だが西郷は、彰義隊討伐の件は全て大村に任せてあるからと動かなかった。西郷からすればその性格から、江戸の治安は幕臣勝海舟に任せてある以上、口出しはしないということであったのではないか。だが、この頃の勝には自身が鉄砲で狙撃されるなど、幕臣の狼藉を統御できるだけの力はなかった、というのが実情であったのだ。

一方、益次郎には上野山攻撃に際し、手をこまぬいていたのではなくそれなりの慎重な計画があった。部下に命じて上野山内の略図を描かせ、処方に探偵を入れ彰義隊の内情を探らせていたのだ。四境戦争時と同じく万事用意周到なのである。

第7節　新政府内の対立

益次郎は諸準備を終え、開戦日を5月3日に予定するも薩摩の海江田信義は慎重論を唱え、それ以前に感情として益次郎に激しい敵意を持っていた。二人の最初の出会いは江戸城内の参謀局で、後から入ってきた益次郎が「庄内地方の情勢が悪化しているので宇都宮にいる部隊をそちらに転属させよ」と海江田に命令した。それに対し海江田は「私も同じ政府の一員であるので他人の命令に従う義務はない」と反論し、以後作戦をめぐって2人は尽く対立を深めたという。

また緊急を要する事案に海江田が独断で対応したことを、益次郎は「指揮命令系統違反である」と鋭く詰問したという。このような事例はことごとく表面化し、参謀局は薩長対立の場となる。益次郎にとっては指揮の一本化は何より重要であるが、それにしても相手に対して言いようがあり、双方の性格には常識外の偏狭なところがある。もう少し鷹揚さと柔軟性があれば益次郎も、襲撃の黒幕とされる海江田の異常な性格から発した、後日の遭難から逃れることができたのではないか。

益次郎と海江田の確執が頂点に達したのは、彰義隊討伐についての軍議の席上であった。その場面は寺島秋介の回顧録に詳細に引用されている。5月8日に開かれた軍議の様子は次のようなものであった。

「反対者（海江田）が、人数の寡少を理由に、「江戸で兵をあげるのは無謀なことで、有栖川宮大総督の身に危険が迫っても京都に戻ることができない」と脅かした。すると益次郎が、そのような心配は無用で、これで十分戦はできる。自分が請け合うと反論した。が、そこで口が滑り、海江田を指して「彼らは戦を知りません」と言ったものだから、言われた側は激怒して「戦を知らぬとは何事か、益次郎言語道断な奴じゃ」と大喧嘩が始まったという」（前掲『大村益次郎』）。どちらもどちらである。

この会議は、西郷が益次郎に同意したことにより、近日中に彰義隊征討をすることで決着した。

5月8日、益次郎従5位に任官、併せて江戸府判事兼任となり、軍事上関東鎮撫の実務責任者となった。そこで討伐を前に、大総督府上参謀西四辻公業を正使として輪王寺宮に面会を要求したが拒否される。総督府が彰義隊征討を前になぜこのように慎重な手続きを踏んだのかと言うと、やはり天皇家に繋がる輪王寺宮及び徳川家、それに治安上江戸市民に対する配慮があったからだろう、とされている。

第8節　彰義隊征討

明治元（1868）年5月13日（実際には9月8日明治に）、新政府軍は上野山に立てこもる彰義隊討伐を決行する。この戦争は事前に時間がかかった割に、いざ始まると益次郎が予測したように開始後わずか半日で決着した、と通説ではなっているが、実際には戦闘は激烈を極め、完全勝利どころか苦戦の連続であった。このことは前述の寺島秋介の述懐からもうかがえる。

「却却上野は落ちなかった。その中に兵が足らぬようになる。それから私は戻ってきて、見附に置いた兵を引き上げて持て往てやると云うようなことであった。先生（益次郎）は是が往けんければ、自分は活きてはいられぬ、と云うておられた」（『大村益次郎先生事績』）。実際には益次郎はそこまで追い詰められるほど苦戦していたのである。

それでも新政府軍が勝利を収めることができたのは、益次郎が事前の準備に万全を期したからである。6月4日、益次郎は彰義隊討伐の功績を認められ従4位に叙せられ、江戸鎮台府民生会計掛に任ぜられた。

さて遡って戦闘状況であるが、上野山は標高差20mくらいで、寛永寺はその最南端に位置し、防御に適した天然の要害であった。それに対する新政府軍藩兵の主な配置は次のようであった。

主戦場　正面　薩摩、肥後、因州。
側面　肥前、備前、尾張、長州、津、佐土原各藩。
周辺部　紀州、因州、肥前、芸州、筑前各藩。

この配置表を見て西郷は「これはなんでごわす。薩摩兵を壊滅させる気でごわすか」とうめいたという。それに対し益次郎は「左様であります」と応じたという。

随分とすげない返事であるが、それほど薩摩兵は厳しい状況が想定される正面攻撃の最前線に置かれたということだろう。なお、これ以前から軍政はともかく、軍令に関する作戦、軍事行動は西郷ではなく益次郎が掌握していたのである。

西郷は明治新政府では唯一の陸軍大将として軍政の最高位にいたが、作戦、軍事など実戦面は全て益次郎に任せていた。また西郷は徳望の人として有名だが、実際には権謀術数を得意とする人間であり、鳥羽・伏見の役も含め薩摩軍全体を率いての実戦の指揮を執った経験は少なく、この時も全体の作戦は益次郎が行い、西郷は一部隊長として薩摩兵を率い黒門からの攻撃に従事している。

さて益次郎の攻城作戦であるが、主に自らが長州藩時代策定した近代化攻城作戦を基本として応用しており、また、彼が戦術として各国の戦史から学んだ、崇拝するプロイセンのフリードリッヒ大王の作戦を参考に取り入れている研究の成果である。

次に防御を中心に置き、大砲を13門用意するなど火力支援を重点に殲滅作戦を取って、敵が北関東方面に逃げ、宇都宮に展開している大鳥軍と合流しないよう包囲網を完成させている。戦闘開始は15

日、砲撃から始まったが敵塁も堅固で容易に落ちない。因州勢は突撃を繰り返し、かなりの犠牲者が出たが黒門口を攻略したことで砲撃の効果が出始め、次第に命中度を上げていったことで戦局を変えることができた。半面、西郷が戦前危惧したように、激戦となった正面を受け持たされた薩摩勢には、かなりな損害が出たことも事実である。

このように上野山戦争では白兵戦よりも益次郎得意の砲撃戦で絶大な効果を上げることができたのであり、使われた砲には臼砲4斤、山砲、それに第二次征長戦争後イギリスから購入した最新鋭のアームストロング砲が用いられ、その威力はすさまじく、これによって勝敗は決した。

第9節　奥羽越列藩同盟の成立

東北諸藩は最初リーダーとなる仙台、米沢藩は新政府に恭順の意を表し、会津藩主松平容保の助命嘆願に向けた動きを行っていた。それが奥羽鎮撫総督府総督に澤為量（三位）など公家を置き、参謀に世良修蔵（長州）、大山綱良（薩摩）を配置した。澤は公家である為戦争のことは分からない。勢い参謀、特に世良修蔵に権限が集中した。世良は強引な性格で妥協ということを知らない。

実はこの人事配置が戊辰戦争という大きな内乱の要因となるのだ。前述したように最初から東北諸藩は新政府軍に歯向かう気はなかった。それが奥羽鎮撫総督府、特に世良参謀の妥協を許さぬ強気な態度で情勢は一変した。話し合いによっては早期終結も見込まれた戦争は大規模化へと突き進むのである。

5月3日、東北では仙台藩が中心となり奥羽越列藩同盟を結成した。これまでは奥羽越諸藩は融和路線も視野に入れていたが、総督府の強気の態度にははっきりと『攻守同盟』に性格を変えたのである。

そして武装体制を取りながらも中立を宣言し、総督府と独自に交渉を重ねていた河合継之助率いる越後長岡藩も、総督府の強硬路線に追い込まれ、局外中立は許されず、中立の申し入れは却下された。

長岡藩も列藩同盟に加わらざるを得ない立場に追い込まれたのだ。これは新政府軍にとっても犠牲は大きく、総督府の出方次第ではこれほど大規模な戦争にならずに済んだのである。

4月20日、白河で会津兵と新撰組が白河城を占拠。伊地知正治指揮下の薩摩軍主力の東三軍と対峙した。東三軍は兵力、物資不足で苦戦するも5月1日、白河城を奪取するが、資金不足で江戸で軍事の全権を掌握している益次郎に、軍需物資の補給を要求するも却下される。彼は性格がすげなく、ここにも敵を作る原因があったのだ。

北陸方面では新政府軍は参謀には長州の山縣有朋、薩摩の黒田清隆が就き、長岡城を落とすも名将河合継之助は最新式機関砲ガトリング砲を備え、長岡軍は庄内藩の援兵を得て攻勢に出、山縣は苦戦に陥る。そこで越後口海軍参謀山田顕義は軍艦を柏崎に集中し、兵力を敵の背後に上陸させ、列藩同盟軍側の軍需物資供給基地となっている新潟港を制圧し、窮地の山縣を救出した。

のち、明治陸軍の大御所と言われ長州閥の長となり軍、政、官界に勢力をふるった山縣は、高杉の功山寺決起でも苦戦を続け、日清戦争時においても田村参謀副長の意見を聞かず、独断で第3師団を突出させ被害を被るなど実戦には弱いのである。

このような状況下、新政府軍と列藩同盟では熾烈な戦闘を繰り広げていたが、列藩同盟には政権を奪取する、というような明確な戦略意図はなかった。また薩長にとっては幕末からの天敵である「奥羽越列藩同盟」なる組織は会津藩、庄内藩を東北の仲間として援護するため仙台藩、米沢藩が中心になって結成した連合組織であり、天下を窺う野心とかはなく、それだけに強固な団結力とは言えなかったのである。

もう一つの戦線が拡大した要因は、新政府軍の強硬な態度にあったといえる。このため戦線が不利になると列藩同盟の中心となる仙台・米沢藩においても内部で恭順派が台頭してきた。また、やむなく列藩同盟加入を余儀なくされた諸藩では、戦線が不利な状況になると動揺が広がってきたのである。

それに反し、新政府軍ではようやく不足していた兵站補給にも兵力にも余裕ができ、援兵は続々と東北入りした。それを見て相馬藩、三春藩などは、ひそかに新政府軍に使いを送り、降伏条件について伺いを立てるなど白河口では敗色濃厚となってきた。

第10節　仙台・米沢藩の降伏

一方、北陸口でも新政府軍の山田顕義の見事な作戦により新潟の供給基地を奪取され、大損害を被った米沢藩では士気は衰え、軍議を開いても反転攻勢に出よう、という意見はほとんど出なかった。それどころか米沢藩では会津領まで兵を引き上げ、これを見て他の同盟諸藩も次々に自国へと撤退していった。

諸藩の動向を見て仙台藩とともに、奥羽越列藩同盟の盟主である米沢藩は勝てぬとみて独自に降伏交渉に入ったのである。これを受けた軍務局の益次郎は強気であり、降伏してくる藩は許すが、抵抗する藩は断固討伐しなければならない、という強硬意見を吐いた。だが、最前線にいる長州藩としては受け入れる方向であり、廟議においても寛大な処置で臨み、同盟諸藩が降伏しやすい環境を作る、との方針が確認された。

9月8日、米沢藩は正式に降伏した。続いて福島藩、棚倉藩、天童藩など諸藩も降伏した。また同日をもって慶応は明治に改められた。次いで新政府軍の四条総督は仙台藩域に進撃するや、仙台藩では重臣の遠藤允信ら恭順派が主導権を握り、新政府軍参謀津田信弘に降伏のあっせんを依頼した。

ところが益次郎は「仙台藩は鳥羽・伏見の役後、すぐに恭順の意を表したにもかかわらず、大総督府から会津征討を命じられるも実行せず、裏では奥羽越同盟を主導するなど面従腹背の態度をとっている」として不信感を強く持っていた。

折から旧幕府海軍副総裁榎本武揚が、新政府軍を上回る最強の艦隊を率いて彰義隊の残党やフランス軍事顧問団の一部を含め、約2千名の兵士を乗せて江戸を脱出、北方へ向かうという事件が勃発した。榎本武揚が向かったのは仙台であった。仙台藩では寛大な処置を願うべく新政府軍に周旋活動を行っている最中であったが、その一方で主戦派を中心に勢力挽回を図るべく軍議を開くなど不穏な動きを見せていた。

この頃益次郎は木戸孝允と頻繁に連絡を取っており、仙台藩処分については政治性が強い木戸に、安易に妥協しないようくぎを刺している。益次郎は征討軍の軍事責任者として、性格もあろうが一貫して最強硬派の立場をとっていたのである。

その結果、仙台藩は主戦派も勢力を失い、また榎本武揚の艦隊も台風により大きな損害を受け、戦意は著しく後退した。そして依頼していた周旋活動は益次郎らの強硬論の前に実らないまま無条件降伏を余儀なくされたのである。「奥羽越列藩同盟」を主導したとして仙台藩への罰は厳しく、石高は62万石が28万石と、半分以下に減らされるという重い処分となった。それに比べると米沢藩は18万7千石が14万7千石という軽い処分であった。

第11節　会津藩降伏

米沢、仙台藩が降伏し、列藩同盟諸藩も降伏を余儀なくされていく中で、新政府軍はいよいよ京都以来の永年の宿敵会津攻略へと矛先を向けてきた。新政府軍を統括する益次郎は戦略として、軍の全力をもって会津城に総攻撃をかけるのではなく、周辺地域から攻略し降伏にもっていく考えであった。それは会津藩に地の利があるうえに、幕末以来の戦闘で実戦に強く、強固な軍事力を有していることは侮れなかったからである。

ここで益次郎と板垣、伊地知の戦術に相違が生じてきた。益次郎は周辺地域から討伐し、徐々に本丸を攻撃する、という戦術なのに対し、伊地知、板垣は「根本を撃つことで枝葉を枯らす」という考えであった。後、自由民権派の雄として激しい政府攻撃で鳴らす板垣退助は、軍人としても有能な武人で、鳥羽・伏見の役以来、東山道参謀としては甲府城攻略の後、新撰組を相手の勝沼戦争で勝利を挙げるなど、これまでも新政府軍参謀として数々の功績をあげてきた。

8月16日、益次郎らは軍議を開いた結果、直接会津城を攻撃するという方針が確定し、主力部隊は二本松から石筵などに、残存する仙台兵、二本松兵などがいたがこれを撃破しつつ、同月23日にはついに新政府軍は会津若松城下に突入した。

会津藩主松平容保は自ら先頭に立って奮戦していたが、新政府軍が城下に迫ると城に立てこもり応戦した。会津軍はほかの幕府軍と異なり、実戦経験は豊富である。だが新政府軍には新たな援軍が続々到着し、会津若松城は完全に包囲された。が、城は堅牢な作りで城兵の士気も高く容易に落ちそうもない。白兵戦になれば防御している方が有利であり、双方に大きな犠牲が出る。そこで益次郎が長州軍再建の為研究してきた攻城法が用いられ、上野彰義隊戦争以来新たに導入されたイギリス製の最新鋭兵器、アームストロング砲が威力を発揮することになる。

9月22日、激しい抵抗を続けていた会津藩も米沢藩の説得により、ついに降伏した。益次郎の全体の戦局を見据えた戦略が功を奏し、難攻不落を誇った会津城も陥落したが、一方で効率よく側面から陽動作戦を展開するなど、的確な状況判断をした板垣の動きも見事であった。この点については辛口の益次郎も高く評価している。最初こそ2人の間には作戦の相違はあったが、戦闘が始まると見事な連係プレイで勝利を収めるのである。

後年板垣は大村の実力を大いに認め、次のように言っている。

「大村は枝葉から根本を孤立せしむと言った。私が逆様にやったと言うと、私が立派なような話になれども、大村と云う人は戦略家としては立派な人で私などは企だて及ばぬ、大村と兵を率いて戦ふたら勝つか知らぬが、三軍を指揮して算盤の上から戦ひをするには大村である。大村という人は兵家として本物である」(『史談会速記録』)

板垣によると、自身は将たる力はあるが、益次郎は将に将たる人物だというのである。確かに戦闘では勝沼戦争にみられるように板垣は実戦に強い。だが全体を眺める時、益次郎は見事な戦略と構想力を以て、長州軍を西洋式近代軍隊に育て上げた。それが全体の軍事作戦を考えた戊辰戦争にも生かされたのである。そしてやがて国民軍としての明治陸軍誕生につながるのだ。板垣はそれを知っていた。

また前述した山田顕義は卓越した戦略を以て北陸戦線で活躍しているし、谷干城も西南戦争では、熊本籠城戦で児玉源太郎らを巧みに使い切り、不利な籠城戦を守り抜くなど見事な指揮官ぶりを発揮し、新政府軍勝利の糸口となっている。だが後年いずれも権謀術数に富み、ドイツ式軍政を志向する山縣有朋にフランス派の政敵として陸軍を追われている。

次に降伏した会津藩の戦後処理については木戸孝允も益次郎も、会津藩は戊辰戦争の張本人であり、その処置については厳正に臨むべきであるが、戦火で困窮著しい住民には手厚い救済の手を差し伸べるべきであるとし、戦後復旧には新政府を挙げて大いに尽力している。これらの対応にはすべて益次郎は木戸と連携を取って行っているから、幕末以来木戸と益次郎にはその信頼関係は並々ならぬものがあったのだ。

明治2（1869）年5月、旧幕府艦隊及び旧幕兵残党を率いて箱館の五稜郭に立てこもり、交戦しつつ得意の国際法を駆使、列国外交団と交渉を続けながら、北海道共和国創設を意図していた榎本武揚も、薩摩の黒田清隆の説得を受け降伏し、ここに戊辰戦争は終結を見、新政府による国内統一はようやく完成した。

第11章　新国家建設

第1節　国民軍創設

大村益次郎の構想である国民軍構想は前述した通り、長州藩の軍事近代化を行う為、藩の軍事責任者の地位に就いた時から、萌芽として頭の中には存在したと思われる。それまで個別に活動していた正規軍、奇兵隊をはじめとする諸隊を一つに統合し、藩正規軍として育成し、第二次征長戦争で成功したのはその一環であった。

その為明治新政府が誕生したのをきっかけに、益次郎は国家としての国民軍構想を実現すべく、盟友ともいうべき木戸孝允の助力を得て着手したが、それには旧征討軍の処遇という大きな課題が待ち受けていた。彼らは論功行賞を待ちわびていたのだ。

また旧征討軍による政府直属軍を建設しようとする、大久保利通らの考えとも対立することになった。益次郎の思考する国民軍構想には数々の難関が待ち受けていたのである。

明治元（１８６８）年10月23日、天皇一行は公家、諸侯、西郷、大久保、木戸ら新政府高官が供奉する中、江戸城に入った。それは徳川に代わり、沿道の庶民に新しい時代が到来したことを告げるセレモニーでもあった。江戸城は東京城と改められ皇居とされ、新政権の中枢とされた。新政府の要職に就いた木戸はまず益次郎と会談し、関東や奥羽の詳細な状況について話し合い、新たな情報を入手し、そのうえで木戸は岩倉邸で大久保利通や大木喬任らと新政府の人事について協議を行っている。

まず新政府首班には公家の三条実美を推す声が強く、彼はかつての宮中では尊王攘夷派の筆頭で、七卿都落ちの際の首謀者で熱血漢であったが「三条は無私で高潔な人格を備え、徳望を以て群臣の上に立つ〝有徳の為政者〟ともいうべき政治家であった」（内藤一成『三条実美』）。という評価を得ている。三条については外国人高官の評判も良く、「人格高潔で貴族らしい風格を有した人物である」と高く評価されている。

こうして東京遷都後の新政府は、三条を首班として組閣が決まると、木戸と岩倉は軍政の人事について協議し、大村益次郎を軍政のトップに抜擢することが決まった。第二次征長戦争以来の実績と将来性が認められたのである。

24日、益次郎は軍務官副知事に任ぜられ、「陸海軍については当今第一の急務であり、速やかに軍制の基礎を立てるよう研究するべし」と新政府首脳から指示があった。と同時に益次郎には戊辰戦争後における東北平定後の諸問題、及び従軍した兵士の論功行賞などの処遇が課題として残ったのである。

この頃は木戸孝允日記などを見ると、政治に関する諸問題、新施策、東北の戦後処理など、大きな課題については木戸と益次郎が話し合って決めており、その後伊藤博文、大隈重信など新進気鋭の実務者を支配下に置き、政府最大の実力者となる大久保利通よりも木戸の方が新しい施策については発言権があったことが窺える。

ともかくこの時期の最大の課題は、新国家建設の根底ともなる欧米諸国と対等となる近代化を推進することであり、それには徳川幕府が締結した西欧列強との不平等条約改正が急務であった。条約改正には密接不可分の関係にある国家主権の確立であり、その根底にあるのは世界に跋扈する帝国主義時代にあって、国権を担保する強力な軍隊の存在である。

ところが明治政府は直属の軍隊を持たないまま発足した。鳥羽・伏見の役は薩長連合軍であり、戊辰戦争は諸藩の連合軍であって、政府直属軍ではなかった。この征討軍兵士の処遇も新政府、ひいては益次郎に課せられた大きな課題であった。

この頃政府には二つのプランがあった。一つは征討軍兵士を政府が雇用して政府直属軍を造ろうという構想である。西郷、大久保など薩摩派がこの構想の推進者であり、士族から失業者を出さずに済む、という考えでもある。もう一つはこの征討軍はいったん解体し、全国民階層から兵員を徴募するという構想である。これは地方ごとの藩という地方割拠制や身分制など封建制を打破し、近代統一国家にふさわしい国民の軍隊を建設しようという構想であった。

益次郎は軍事行政を実質上握っていたが、後者の考えを強く志向していた。彼の盟友木戸の共和制をも考えていた国家意識と共通していたし、何より長州藩時代から国民軍制度は益次郎の根底にあった考えでもあったのである。また新政府軍が薩摩、長州、土佐藩の意向に左右され、あたかも政府の統制が取れない私兵の集まりのような状態では真の国民軍建設とは程遠く、西欧列強の近代化された国家としての軍隊には太刀打ちできないと考えていた。

一方、旧征討軍を再編制して政府直属軍を造ろうという考えは、薩摩の大久保が描いていた。鹿児島では凱旋軍が幅を利かせ、藩主父子でも統制が取れない状態に陥っていたのである。薩摩では昔から郷党意識が強く、地域ごとに土着した士族階級が根強い権力を持っていたのだ。それに彼らは凱旋部隊として意気軒昂であり、論功行賞も期待していた。それを熟知している大久保は、征討軍が職を失うことにより反乱部隊となることを恐れ、政府直轄軍に取り込もうとしたのである。

こうして徴兵制により、新たな国民軍を創設しようと考えていた益次郎の前に立ちふさがったのが政府の新しい実力者となった大久保利通である。のち大久保は内務卿として明治6（1873）年、事実上政府の実権を握るが、この頃はまだ木戸と協力体制を取ることによって新施策を推進しようと考えていた。

また大久保は宮廷・公家の批判を和らげる為、大坂遷都を唱えていたが本心は東京遷都であり、その諸準備と皇居警備の兵力を確保すべきだと主張し（11日、岩倉宛書簡）、旧征討軍を東京警備の任に就かせるべきだと主張している。

だが益次郎は、あくまで新政府軍は国民各層からの徴兵による国民軍とすべきであり、古い殻をかぶったままの士族による軍隊では、近代化された西洋式軍隊は創設できないという強い信念を持っていた。この点でも革新思想を持つ木戸とも認識は一致していた。

　このように大久保、大村の意見が対立する中で、大久保は益次郎の構想が邪魔になり更迭を考え始めている。そこで陸軍軍政の実質責任者である軍務官には益次郎に代えて旧土佐藩士の板垣退助の登用である。板垣ならば武人であり守旧派でもあり、自分の意に沿うと考えたのであろう。

第2節　新制度改革

征韓論と言えば明治6年、西郷が主張した征韓論を思い浮かべるが、この論議は明治1、2年頃からすでに出始め、木戸が最も熱心な主唱者であったという。木戸は岩倉に自説を建言するとともに、益次郎にもその考えを伝達している。その構想自体は「日本は大方針を立て、それを内外に示すこと。国民の関心を外（朝鮮を指す）に向けさせ我が国を興起させ、未来永劫我が国を維持していくにはこれ以外策はない」（前掲『大村益次郎』）。

概略このような構想であり、ほぼ西郷の考えと似ていなくもない。保守を代表する西郷と、先進志向の筆頭とされる木戸であるが、対外史観では似たようなものである。つまり木戸は対外危機を作り出し、それを利用して国内改革を進めるという手法を用いたのである。まったく新しい政府を造ろうとする木戸は薩長が政治の実権を掌握し、それを以て新政府の運営を行っていこうとする藩閥政治の動きは拒否していた。

政府直属部隊の処遇については国民軍創設の益次郎と、征討軍兵士を使うという大久保の考えは根本から対立していた。明治2年の段階になっても政府最大の実力者になった岩倉を巻き込み、双方全く譲らなかったのである。益次郎は軍事については背後に木戸の存在があるとはいえ、政界の実力者大久保を相手に対立するほど、力をつけていたのだ。その証左に戊辰戦争の凱旋部隊の論功行賞が行われたが、最高は西郷隆盛の永世録2千石に次いで、益次郎は1千5百石を下賜された。軍事については彼の評価がいかに高かったかの証明である。

版籍奉還

木戸が政府参与就任以来、心血を注いできたのが版籍奉還である。6月17日、薩・長・土・肥4藩主の版籍奉還が行われた。次いで諸藩の版籍奉還は6月中で262藩に上った。版籍奉還という、大名にとっては自らの領地を天皇に返上する、という大事業が大きな混乱もなくスムーズに行われたのは、この頃すでに各藩とも米穀経済の行き詰まりから、藩の経営が困難になっており、その経営責任から逃れたかったからである。

その代わり藩主は知判事に任命し、政府の行政官として処遇される。それに石高によって10分の1を家として支給するという制度であるから、藩主にとっては面倒な藩の経営から逃れることができるのだから、むしろ歓迎すべきことであった。

ところが政府においては版籍奉還に伴う兵制改革の方向性をめぐって、薩摩の大久保、吉井友実対長州の木戸、益次郎の意見が対立し、兵制改革は軍政の根本問題であるだけに双方譲らず、特に大久保対益次郎の対立は抜き差しならぬほど深刻になってきた。益次郎の基本構想は持論の徴兵制度の導入であり、大久保はこれに真っ向から反対した。

だがこの時は廟議において益次郎の意見は凍結された。大久保は維新の三傑の一人であり、政府の最高経営者参議である。それに対し益次郎は軍政の実質責任者であるとはいえ軍務官・副知事に過ぎない。ここに益次郎のジレンマがあった。

廃藩置県

次に木戸、大久保、西郷が力を注いだのが、中央集権体制の強化としての廃藩置県である。この頃、財源が乏しい新政府は旧藩主時代より増税を課し、農民の新政府への不満が高まり、全国各地で農民一揆が頻発した。そこで新政府は国内の安定を図る為、薩・長・土三藩から1万の兵力を東京に集め、政府直属の御親兵として中央の軍事力を強化した。同時に長州の木戸、薩摩の西郷、土佐の板垣、肥前の大隈重信ら各藩の実力者を参議に据え政府の強化を図った。

明治4（1871）年7月14日、政府は廃藩置県の詔を発して一挙に藩を廃止、新たに県を設置した。同時にこれまでの知藩事を罷免して東京に住まわせ、新たに県に政府の官僚を派遣して県令に任命した。幕末、約300あった藩は明治4年11月、その数が大幅に整理・統合され、3府72県となった。ここに地方分権の幕藩体制は解体され、政府を中心とする中央集権国家が誕生したのである。

廃藩置県とその意図

廃藩置県は政府の強力な中央集権化を狙う薩長出身の西郷、大久保、木戸ら少数の実力者によってひそかに計画され、政府から諸藩へ一方的に通告される形で断行された。木戸孝允は廃藩置県の詔が出された日の日記に「初めてやや世界万国と対峙の基定まるというべし」と書いているが、このことは廃藩置県が世界の列強に対抗できる強国を造るという目的で断行されたことを示している。

このような大変革が諸藩から大した抵抗も受けずに実現したことは、ほとんど奇跡ともいえる。その主な理由は、第1に多くの藩が戊辰戦争で財政が窮乏し、政府と対抗する経済的な実力がもはやなかった為と思われる。当時仙台など13の藩が100万円（現在の200億〜300億ぐらい）以上の負債（藩債）を抱えていた。

全国諸藩の藩債の総額は7813万円余りで、当時の国家の年間予算（一般会計歳出）の2倍近くに達していた。政府はこれらの藩債のうち、1843（天保14）年以前の分を棄えんし（借金を棒引きにすること）1844（弘化元年）以降の分3486万円余りを、国債を発行して引き継いだ。

廃藩置県が比較的平穏に実行された第2の理由は、諸藩の側にも欧米先進列強と対抗する国づくりを進めるには、中央集権体制の強化が必要だという理解が、かなり深まっていたことである。福井県の藩校で物理、化学を教えていたアメリカ人教師グリフィスは、廃藩置県を通告する使者が到着した時、藩内に大きな動揺が起こったが、一方で知識ある藩士たちは異口同音に、これは日本の為に必要なことだ、と語り「これからの日本は、あなた方の国（アメリカ）やイギリスの仲間入りができる」と意気揚々と語る藩士もあった」と記している（グリフィス『明治日本体験記』）。

第3節　官制改革

版籍奉還が行われた直後、政府は近代国家にふさわしい中央集権国家として新たな改革を行った。中央には神祇・太政の2官を置いて、祭政一致の形式をとるように改められたのである。神祇は王政復古に気を使っての保守層への制度であったのだろうが、廃藩置県を無事終えると大改正を行い、古色蒼然たる制度を廃し、新たな中央集権国家体制の確立に乗り出したのだ。

太政官には正院・左院・右院の三院制を取ることになり、公家等旧勢力を代表する神祇官は廃止された。正院には政治を執行する最高機関としての性格を持たせ、太政大臣、左右大臣、参議を置き、薩長土肥出身の参議が事実上新政権を運営することになる構図が出来上がった。政府の首班格の太政大臣には政権のシンボルとして三条実美が就任することになった。右大臣には、幕末から維新にかけて、慶喜排斥に向け辣腕を振るってきた岩倉具視が就いた。実質上彼が政府の権力を握ったことになる。

参議には維新政府樹立に功労があった薩摩、長州、肥前、土佐から西郷、大久保、木戸、江藤らが就任し、政治を推進していくことになる。左院は立法機関として独立した司法機関の役割を担うことになった。

右院は太政官制度発足時、神祇官、大蔵省、兵部省、文部省、工部省、司法省、開拓使、宮内省が設置されたが、内閣制度発足に伴い、次の各省が置かれる。

大蔵省、陸軍省、海軍省、外務省、内務省、文部省、農商務省、逓信省、司法省、大審院、参事院が置かれ、外局として内大臣府、枢密院が設置される。右院には各省の長官（卿）・大輔（次官）が置かれ、実質上各省の行政を運営することになる。

この結果、各省には薩長土肥、特に薩摩と長州の有能な下級武士出身者が官僚として政府部内で実権を握ることになり、有司専制の藩閥政府が誕生することになった。そして旧公家、各藩主階層は華族として、三条、岩倉をのぞき事実上棚上げされ、政治の世界からは遠ざけられるのである（『詳説日本史研究』）。

第4節　兵制改革──徴兵制

この頃政府内で最大の力を持つ陸軍では、最高位にある西郷は鳥羽・伏見の役以来、彰義隊討伐でも軍事の実務は益次郎に任せ、自分は陸軍の最高責任者として軍政にはあまりタッチしてこなかった。代わりに軍の方向を如何なるシステムにするかで、出てきたのが大久保利通であった。大久保は制度改革とか政治の根本・方向性を決めるのに際し、漸進主義を取り、慎重に事を進める現実主義者であった。

それに対し、木戸は『五箇条の御誓文』にみられるように、理想の政治を追求するあまり共和制をも考える政治家であり、益次郎は軍の将来構想を考える純粋な実務家・実戦家としての制度設計者であり軍事官僚であった。ある意味では大久保、大村の2人は相入れない性格の持ち主であり、将来構想も全く相反していた。

兵制改革をめぐって大久保と益次郎の対立は深刻の度を増す一方であった。大久保は政府の実力者岩倉具視を巻き込んで、新政府人事案として益次郎を更迭し、代わりに板垣退助を起用するという案を三条太政官に迫ったのである。まさに薩摩閥と長州閥の対決である。これを聞いて木戸は猛反対に出た。このような情勢を読んで益次郎は木戸宛に、自身の辞官を申し出ている。

概略　彼は「昨秋から健康を患い、配慮が行き届かず速やかに辞職を願い出るところを戦中（戊辰戦争）ということで非才を顧みず、重職にあり申し訳ないことです。それが最近では持病が再発して重要問題で齟齬が出ましたら恐懼の至りです。そのようなことからしばらくお暇を頂戴し、故郷に帰り、他日身の丈に合った御用がありましたならば、末永く国家の御恩に報いたいというのが平素からの願いであります。願わくばこれまでの役職を免じて頂きたくお願い申し上げます」（前掲『大村益次郎』）。

という趣旨であるが、この辞表は却下され、8月の官制改革で軍務官に代わって設置された兵部省に、大輔（次官）として就任することになった。上記の文面から察するに、益次郎も権力闘争には嫌気がさしたことも事実であろうが、心底から辞職などする気はなく、真意はあくまで、政府において自分の構想である兵制改革を行うことにあったのではないか。

木戸は益次郎を訪ね、軍務に関する将来像、及び今日の時勢の悪弊をいかに正していくかについて論議を行った。またこの間、木戸と益次郎は何回か時局に関する論議を行い、往復書簡でも前原一誠や山田顕義が官途を去ったことなどにも触れ、自分はもう一度官界で働くことを決意したこと、及び三条公にもその旨申し出ることを伝えている。木戸の激励によって気を取り直したのであろう。それにしても益次郎が長州藩に仕官した経緯から、以後も木戸が1年有余に及ぶ藩外での潜伏期間を通して、藩の要職に返り咲くまで、また明治新政府誕生後もお互いに助け合っていることからいかに相互の信頼関係が強かったかが窺える。

第5節　国民軍構想

大久保の策謀により、一時は更迭をも余儀なくされた益次郎であったが、木戸の背後からの援助によりカムバックする決意を固め、前からの持論である建軍構想を『朝廷之兵制水敏愚案』という文書にまとめて三条太政官に提出した。

益次郎は、幕府軍事養成機関の講武所の実態を見ているだけに、日本を西欧列強に伍する近代国家にするには、旧弊に縛られた旧士族階級による軍隊では、到底近代化された組織とすることは困難と考えていた。国民各層からなる新軍隊でなければ強固な国民軍は創設できない、というのがかねてからの構想であった。なお、益次郎の建軍の根底にあるのはあくまで陸軍であって、海軍は従としている点である。

この思想は益次郎の跡を継いで陸軍建設に尽力した、同じ長州出身の山縣有朋にも色濃く受け継がれ、後年薩摩海軍の実力者として、勢力を拡大してきた山本権兵衛と鋭く対立することになる。それは日清・日露戦争開戦直前の時期でさえ顕著であった。

さて益次郎の国民軍創設であるが、国民各層からの徴募となる為、素人集団となるのはやむを得ない。そこでこれら徴集兵を教育し、長州正規軍創設で成功を見た、適切な指導監督を行う為の職業軍人としての士官の養成が必要不可欠な課題となる。

そしてその中核となるのが新しい柔軟な思考を持った中堅幹部であり、専門職としての士官でなければならない、という強い信念をもっていた。それはすでに長州藩の兵制改革で実証済みであり、実戦でも第二次征長戦争で大きな成果を出している。その為には大久保が提唱している薩長土肥の、古い垣根から抜け出せない身分意識にとらわれた、藩閥意識が強い士族集団では新しい世界に伍していく軍隊は造れないだろう、と考えていたのだ。

第6節　身分制度の改革

そしてその最大の要因は新政府による身分制度の改革である。政府は中央集権体制の確立を推進する一方で、封建制諸制度を相次いで撤廃にもっていった。版籍奉還によって藩主と藩士の主従関係が解消され、従来の身分制度を改革した。それは大名・公家を華族とし、一般武士階層を士族に、農・工・商人ら庶民を一括して平民に改めた。

明治4（1871）年には差別を受けていた階層も身分・職業ともすべて平民扱いとした。更に四民平等の見地から平民に苗字をつけることを許可し、平民と華族・士族との結婚、職業選択の自由や、居住の自由も認めたのである。

この結果、国民における比率は平民93・4％、華族・士族4・7％、卒1・0％、その他（僧侶・神職など）0・9％という比率になった。（『詳説日本史研究』）益次郎はこの身分制度撤廃という現象を見越して、武士と言っても事務職の半行政官となっている旧武士階層だけでは国民軍は形成できないと考えたのだ。これが平民を中心とする徴兵制ならば補充人員はかなりの数存在し、国民軍創設が可能となる。

この時点でははっきり言えないが、先見の明がある益次郎のことである。国民軍はある程度外征軍としての機能も考えていたのではないか。

だが益次郎は後年の軍隊のように『統帥権の独立』というようなことは考えておらず、兵員定数・軍事予算は政府で決定すべきであり、軍はその決められた枠内で行動すればよいのであって、軍に対する中央政府の強いシビリアン・コントロールは生かすべきであると是認しているのである。つまり軍の行動範囲はあくまで政治の枠内にとどめるべきであってそこから逸脱してはならない、というのが益次郎の思考である。

次に海軍については余り重きを置いておらず、毎年1隻ずつ軍艦を建造してゆけばよい、と考え、この時点では外征軍というような構想はなく、内治・治安を中心に考えていた。それはまだ新政府樹立後まもなくの時期であり、外征など兵員・予算面からも考えられないからであった。したがって軍団の編制は外征を意図した師団ではなく、内治・治安を中心とした鎮台制であり、全国に4か所置かれたに過ぎなかった。

一方、益次郎の最大の宿敵である薩摩の海江田信義は海軍拡張論を唱え、巨大海軍を建設し、海外に進出すべきであるとの建議を行っている。これは西郷が唱えた征韓論にも通ずるが後にいわれる陸の長州、海の薩摩を連想させる考えである。

明治3（1870）年6月、益次郎は大久保との論争に苦杯を喫した。これは政策論で負けたというより、明治政府内における地位と権力による差であったといえよう。益次郎は明治2年の版籍奉還後の官制改革により兵部省大輔（次官）の職に就いていたが、大久保は太政官政府最高首脳の参議である。

そこで益次郎は大久保と真っ向から対立することを避け、活動の場を関西に求めた。関西の中心は大坂であり、関東に偏っている兵の養成、軍需産業の振興、商工業の育成などを東京偏重から、日本国としてバランスの取れた構造にしなければならない、と考えた。それでなくては、世界各地で弱肉強食の帝国主義が跋扈している経済・軍事強国欧米列強に太刀打ちできる国家建設はできない。

この点でも木戸とは意見が一致するが、漸進主義を取る大久保とは相いれない。この点についてのち陸軍四将軍の1人として、フランス式陸軍軍政を志向して、ドイツ式軍政確立を実現させようとする山縣に追われた逸材曾我祐準は、益次郎の先見性と戦略眼を非常に高く評価しているのである（『曾我祐準翁自叙伝』）。

また、曾我の証言として、ある人が今後も注意するは東北と言ったが益次郎は「奥羽は今10年や20年頭をまたぐる気遣いはない。今後注意すべきは西である。4斤砲をひそかに製造しておけ、と言ったという。英雄の戦略眼はまた格別で、10年前から西南の役を見透かされたことが明らかである」と、益次郎はこの時点から佐賀、鹿児島など旧西南雄藩の反政府気運を敏感に察知していたという。

＊私見であるが急進派とされる木戸に対し、守旧派と誤解されがちな大久保は改革を行うのに慎重なだけで、大久保とて国政、軍備、産業振興、制度改革等についても改革には熱心である。漸進主義を取っている為、古い伝統を墨守するかのごとく思われがちなだけである。新国家建設と、新しい国政

諸改革に意欲を持つ新進気鋭の伊藤博文、大隈重信など改革派の政治家も、藩閥を超えて木戸ではなく大久保の傘下に入ったのは、その安定性と一度決めたら必ず実行する強固な政治姿勢に感銘したからである。

第7節　関西を拠点に

益次郎は大坂を中心に国民軍建設を実現すべく、三条右大臣（官制改革により太政官から変更）、岩倉大納言に盛んに働きかけている。これは益次郎の兵部省の側近である兵部少丞船越にも運動するよう督促している（『大村益次郎先生事績』）。だが益次郎の大坂での建軍構想の意見は大久保の権力の前に突き放されて実現を見ることはなかった。

そこで益次郎は一度山口県へ帰郷することを決意し、老いた父親の見舞いということで三条右大臣に伺いを立て、許可を得ている。その出発前の間木戸とは7月14日、16日、22日、23日と実に頻繁に会い、時局に関する意見交換を行っている。双方余程深い信頼関係に結ばれ、前途を憂いていたのだろう。

ところで明治新政府成立後、木戸は矢継ぎ早に政治、教育、各種制度に関する改革を行っているが、その後政治路線に微妙なずれが生ずる大久保とは、天皇の大坂行幸、東京遷都、廃藩置県までは足並みをそろえていた。

この頃、明治初期には公家の実力者岩倉具視を盛り立てる格好で、維新の三傑、と呼ばれる西郷隆盛、大久保利通、木戸孝允の3人が主に政権を主導してきた。軍事については西郷が唯一の陸軍大将として君臨こそしてきたが、表面には出ず、実際の実務は兵部大輔（次官）に任せており、兵制改革は前述したように益次郎主導で行われてきたのである。維新後、陸軍の最高位に位する西郷は人が変わったように政治の表舞台には出てこず、征韓論までは郷里鹿児島で世捨て人のような生活を送っていた。

ところが兵制改革を実施する段階に入る頃から、国民軍創設構想を唱える益次郎の考えに同調する木戸と、士族、特に薩長土肥を中核とする征討軍中心の兵制を志向する大久保とは見解が異なり、対立も激しくなってきた。それにこの頃から木戸は体調がすぐれず、特に精神面で鬱の症状が出始めたのである。木戸は自宅にこもりがちになり、政治の表面からは一歩退く格好になった。

それでも木戸は帰郷の途中、京都に立ち寄る益次郎の身を案じ、京都府権大参事槇村正直（長州藩士）に「本日益次郎が出立したが、京都には海江田のような表裏のある者が影響力を持っており、人心を惑わし扇動する人間にとっては良い機会だと思っているに違いないので改めて京都の治安維持には万全を期してほしい」と書き送っている（前掲　竹本知行『大村益次郎』）。

ここでいう「よい機会」とは、益次郎に対するテロ行為であり、不穏分子の背後に益次郎と対立関係にある、海江田信義の存在を言っているのである。海江田はすでにこの時点で長州系からは危険分子とされていたのである。

木戸に名指しされた海江田とは狷介な男であり、この時薩摩出身ということもあり弾正台忠という政府高官の地位にいた人物である（益次郎とて狷介という点ではなきにしも非ずであったが、それは鋭い口調のみであってあくまで正統派であり、人を扇動して悪質な行為に及ぼすようなことはなかった)。

木戸も心配しているように、新政府の高官は益次郎に限らず、皆常に身の危険と隣り合わせの状態で、とても近代国家の治安と言えるような状態にはなかった。特に旧征討軍を冷徹に扱い、解散にもっていこうとしている益次郎には怨嗟が付きまとい、危険が隣り合わせであった。そこで今回の帰郷に際しても岩倉ら政府高官は益次郎の身を心配していたのであるが、そのような折、薩摩の高官黒田清隆と村田新八が岩倉のところに来て、

「益次郎の意見にはこれまで反対してきたが、よくその意見を聞いてみると大変良い考えだということが分かったので、これからは我々も協力して益次郎の意向を実現させてやりたい」と言っているという(前掲『大村益次郎』)。

黒田や村田は薩摩出身の武闘派であり、軍人であり政府高官である。特に黒田は開拓使として同郷の五代友厚と組み、北海道官有物払い下げ事件を起こしたり、酒癖が悪く世評は芳しくないが、箱館戦争で幕府軍のトップ榎本武揚の国際法の深い知識に感銘して、政府に働きかけ助命を実現させた。また、日露交渉の為、その深い学識を買い、特命全権大使に推薦するなど懐が深く先見の明がある人物であった。

彼らはこれまで益次郎の国民軍構想には反対であったが、よく考えた結果、益次郎の構想はこれからの時代に即応した考えであり、いつまでも反対していることにより、建軍に大きな悪影響を及ぼす

ことを政府首脳も危惧していた。そのような環境の中で軍の有力者黒田らが賛成に回ったということは、政府最高首脳の実力者岩倉を大いに安堵させたのである。

第8節　国民軍構想に着手

益次郎一行は無事京都に到着し、旧長州藩抱え邸を拠点に活動を開始することにした。京都にはすでに兵部省附属の兵学校も設置されており、益次郎は早速伏見の練兵場で兵の訓練を検閲した。その外にも京都南部の練兵場や火薬庫などを検分し、関西における軍部の現状把握に努めている。

そして木戸が心配していた京都の治安についても、今は平穏であるから心配ないようにと木戸に懇切丁寧な手紙を書き送っている。このように木戸と益次郎の往復書簡は頻繁で、親密な関係が窺える。主に益次郎が軍政の実務を担い、木戸が背後からバックアップする体制を取っている。

ここで益次郎の長州時代の後輩で、前述した英傑山田顕義のことについて触れておきたい。山田は長州でも防府の出身で、長門出身者が実権を握っていた陸軍では主流派ではない。またフランス派でもあり、その為出世は遅れたが、戊辰戦争では上越戦線で苦境にあった山縣を、海上からの意表を突く作戦で救出するなど、参謀としての能力をいかんなく発揮した。山田の傑出した能力は箱館戦線でも、北海道共和国として独立を考えていた箱館の旧幕府軍総裁榎本武揚を、黒田とともに降伏にもっていくなどその力を存分に発揮した。

益次郎とは同郷ということもあり懇意であったが、山田は人の才能を見抜く能力にも優れ、寺内正毅（のち陸軍大臣、首相）、児玉源太郎（文部・陸相・台湾総督・満州軍総参謀長）、乃木希典（同第3軍司令官）などを若い時から見出し、要職に抜擢するなど大成させている。

後、山田が信奉していたフランス式軍制を、明治陸軍としてドイツ式軍制・軍令に切り替えようとした山縣と対立し、陸軍を追われたが、その後文官に転じた。司法大臣としてフランスのナポレオン法典を参考に民法を制定するなど法曹界や、教育界においても中央大学を創設、國學院大學設立に関与するなど偉大な貢献をしている。また建軍当初は山縣とともに人材を抜擢し「陸の長州」の基礎をも造っている。

第9節　人材の登用

関西を国軍の第2の拠点とすべく、益次郎はハード面では陸軍の地域の要である兵営としての鎮台の建設、将来の幹部養成の兵学校建設用地確保に動くとともに、将来の国軍建設の中核となるべき人材の登用にも力を入れている。それは藩閥ではなくあくまで能力第1主義であった。

その為には旧佐幕派の人材をも積極的に登用している。明治期の政治家は益次郎に限らず、有能でその価値を認めれば勝海舟、榎本武揚、その他あまたの人材を登用しているが、これも競争が激しい国際社会に伍してゆかねばならぬ知恵であろう。

その中に益次郎の蕃書調所時代の旧友原田一道もいた。原田は文久3（1863）年2月、横浜鎖港談判使節団の随員として渡欧。その後も西欧の近代軍事学を学ぶためオランダにとどまり、同国の陸軍士官学校において勉学に励む。慶応3（1867）年に帰国、幕府の開成所教授を務めていたが明治元（1868）年12月、新政府では全国諸藩の有能な人材を徴士として集め、雇用しているが、原田もその一員として専門性を高く評価され兵学校御用係に採用されている。

益次郎はこの頃すでに西欧諸国では国内戦争は終わり、対外戦争の時代に突入すると考えていた。それは西欧列強が帝国主義全盛の時代に入り、イギリス、フランス、スペイン、オランダ、遅ればせながら強国となった欧州中央部に位置するドイツ、日本を最初に開国させた新興国アメリカ、ヨーロッパ北方の巨大帝国ロシアなどはそれぞれ中央アジア、アフリカ、中東、東南アジア諸国を席巻し、植民地あるいは清国のように租界を設け、統治していたからである。

益次郎は若い時から西洋の学問に触れ、書物を通してではあったが国際情報には詳しかったから、手をこまねいていると、これら西欧列強の魔の手が我が国に及んでくることは十分承知していた。特にドイツは幕末からドイツ公使が日本の内情を探り、触手を伸ばそうと本国と連携し、画策している文書が最近発見された（ＮＨＫ『日曜特集』）。その候補地は未開の地である北海道であったが、幸いなことにこの頃ドイツは36公国・諸都市に分裂していた国内統一戦争、対デンマーク、オーストリア、最大の宿敵対フランス戦争で忙しく日本に手を出している余裕はなかったので計画段階で終わった。

木戸も早い時期から、西欧列強中最も恐るべきは国情、地形からして帝政ロシアであり、樺太、千島列島はロシアに隣接していることから、その触手を伸ばそうと虎視眈々と狙っていることを警告し、国軍の育成強化を提唱していた。

ところが現状は、国内にあっては未だ諸藩の兵制は統一がとれておらず、兵器さえもばらばらで射程距離が長く、装填が迅速な最新式銃器のイギリス製のスナイドル銃を装備しているのは薩長、それに肥前くらいであることに危惧の念を持っていたのである。

それだけに益次郎は国民軍創設の第一歩は軍政・軍令の統一、徴兵制度導入、全国から徴募により集まってきた兵士を統括する、規律の取れた士官の育成と訓練が最重要課題であると認識していたのだ。それには兵学寮（士官学校）と、若いうちから将来の幹部候補生として規律訓練を施す為の幼年学校を建設すべきであるという構想を練っていた。教育内容は益次郎が長州藩時代行った原書講読を中心とする予定であった。

この頃軍政は幕末以来の伝統を引き継ぎ、フランス式が主流であった。ちなみに大山巌、寺内正毅、陸軍反山縣の4将軍と言われた谷干城、曾我祐準、三浦梧楼、鳥尾小弥太らは皆フランス式軍制派であった。

それが1871年から72年にかけて行われた普仏戦争に観戦武官として出かけた大山巌、品川弥二郎、中堅将校の川上操六、桂太郎らはプロイセン（ドイツ）のあまりの強さに驚嘆して帰国後皆ドイツ派に転向した。

その結果、山縣有朋、及び観戦武官以後、フランス派からドイツ派に転向した大山巌が陸軍主流派を形成し、フランス派4将軍は陸軍から追放される結果となった。以降、日本陸軍は山縣を主流とする軍制では桂太郎が、軍令（作戦・戦略）では川上操六らドイツ派が軍制・軍令ともに掌握し、全てドイツ式となるのである。

ところで益次郎は建軍に際し、フランス式を採用することにした。陸軍がドイツ式に転換する以前のことである。それはフランスが益次郎が意図する国民軍という軍事システムに最適な徴兵制を取っていたからである。ところがこの軍事システムは、前述したように山縣が軍制・軍令の全てを握ってからドイツ式に転換され、益次郎の構想は生かされないことになる。

最終章　益次郎遭難

第1節　襲撃の顚末

9月4日、益次郎は通常のように、兵部省の京都庁舎にて勤務に精励したのち、部下の安達と旧友の静間彦太郎を交え、旅宿の2階で酒宴を催すことになった。静間は戊辰戦争では長州藩第2大隊司令を務めていた。

酒が入っているので話題は豊富であり、戊辰戦争のことから最近の薩長勢力の離反と結合、つまり薩長は仲たがいもするが、肥前や土佐が政敵となると団結してこれに対抗する、と言った内輪話に興じていた。益次郎も実は大久保とは敵対しつつも、薩摩の有力幹部黒田清隆や村田新八の協力が得られるようになり、国軍建設にもようやく今日希望を見出したところであったのである。

この頃益次郎は東京を離れてから、関西において国民軍建設にかかわる諸準備に没頭していた。ハード面では兵舎建設、兵士の練兵場整備などであり、ソフト面では優れた人材の確保であり、その為には前記のように新政府軍、旧佐幕派を問わず能力抜擢主義を取り、国軍建設に必要な人材を集めていたのだ。

そのような折、益次郎、静間、安達の3人が懇親している最中、応対に出た若党に萩原俊蔵という男から、益次郎に会いたいから取り次いでくれ、という面会の申し入れがあった。そこで若党が取り次ぐと益次郎は「今晩はもう遅いから明日にしてくれ。公用ならば日中役所に来てくれ」と言い、若党はその旨を2人に伝達した。

益次郎には東京を離れ長州に向かうにつき、木戸から十分に身辺には気を付けるよう口頭でも書簡でも注意を促されていたから、この時も警戒の念は払っていたのである。ところが襲撃者は執拗であった。若党が断ってもすぐに2階まで後をつけてきて、益次郎及び友人2人に斬りつけた。益次郎は激しい斬りあいの中で斬りつけられ、傷を負ったがようやく2階から飛び降りたとされる。ところが襲撃組は用意周到で、そこには降りてくるのを予測していたかのように待ち伏せしている組があった。

傷を負った益次郎が隠れている河原から、敵対側の襲撃成功の歓声が上がり、テロリストたちが去っていくのが分かった。ちょうど京都府大参事槇村は益次郎を訪問しようとしている時で、顔を見た益次郎の友人吉福から「益次郎様が襲われました。すぐ手配を」という声を聴き、すぐさま長州藩邸に知らせ探索させている最中、部下から大村が見つかった、という知らせが届いた。

槇村が現場に行くと益次郎は玄関に横になっていた。「お怪我は」と聞くと益次郎は「頭と手だ」と言い、「辞表を出しておいてくれよ」と続けたという。「どこにいらしたのですか」という問いに「押入れの中だ」と応じた。前田医師によって応急処置が施され、傷は膝にもあることが分かった。

（槇村正直『履歴書』要約）賊は益次郎をかばって奮戦した護衛の3人を討ち取りはしたが、益次郎自身は討ち漏らしたのである。

前田医師の応急手当の後、大村達吉と新宮医師の2人の蘭方医が治療に加わったが、これ以後は主として大村医師を中心に治療が続けられた。丁度この日は河東操練所の入所式であったが、怒りと混乱は特に長州選抜組にひどく、益次郎は尊敬の対象であるだけに彼らには落胆と驚愕は尋常一様ではなかったという。

テロリストは誰か。現場では槇村を中心に京都兵部省の河田大丞、林権少丞らが現場検証を行うとともに、伏見の兵営からは世羅隊長（戊辰戦争時の世良参謀とは別人である）が1個中隊を率いて駆け付け、旅館の警護に従事した。この日、太政官政府には益次郎の遭難届とともに、彼の意向に沿って辞表が提出されている。

8日、益次郎遭難の知らせは東京にも伝えられた。三条実美、岩倉具視ら政府最高首脳は驚愕し、すぐさま大久保、廣澤ら政府高官と善後策について協議に入った。心身の疲れから箱根に湯治中の木戸へは10日、京都から槇村の至急便が東京から転送され、事の詳細を伝えてきた。木戸の日記には刺客の数が7、8人いたこと、益次郎は大怪我を負ったことが記されている。木戸も一度は驚愕したが、益次郎が一命をとりとめたことを知り、安堵したことが同日記には書かれている。

第2節　木戸からの手紙

同時に木戸は、このような事件を未然に防げなかった政府に対し激怒して、益次郎に概略次のような手紙を書き見舞っている（現代文に訳す）。

「今朝、槇村・河田二氏から連絡あり驚愕したが天は未だ見捨てなかったこと、私も大変喜んでいます。以前から共に嘆じていたように、とにかく政府の施策は朝令暮改です。結局上から方向が混乱していることで口で『御一新』と唱えていることも少なくなく、日本の危急は去年より今年の方が差し迫っていることを理解しておらず、憤慨の至りです。国の基本が立っていないので益々衰えていくばかりで、一向に厳然たるご政令もなく、朝憲は益々衰えていくばかりで、苦痛に湛えません。今回の始末において政府の威信がきちんと立つかで判然とすることですので、天下へ厳命を示さなくてはどうしようもなく（中略）何分にも十分にご療養くださり、早くご回復なりますのをひたすら祈念申し上げます」

長くなったが事件直後の木戸孝允の心境を表した手紙なので要点を記載した。木戸とすれば益次郎は心の許せる数少ない友人の1人であり、心痛は激しかったであろう。

さてこの手紙にもあるように益次郎への配慮はともかく、自分も政府の最高責任者（参与）の1人であるにもかかわらず、どこか傍観者気味のところがあるのは、この頃から精神状態に弱さが出てきたと察せられ、その後における大久保との葛藤で政権維持に嫌気がさし、政界から一歩退いた感があるのは残念である。

第3節　容疑者捕縛

この頃京都では佐久間象山と並び、明治維新を達成した人々に大きな影響を与えた洋学者でもあり、時代の先覚者でもある政府参与横井小楠襲撃事件にもみられるように、保守派に影響された過激派が跋扈していた。

そのような危険な状況下であるにもかかわらず、予め危険が予測された益次郎に対する警護は余りにも手薄であった。責任を問われる立場の京都府ではすぐさま4日夜から捜査に着手した。捜査は政府の威信にかけて厳重を極め、その結果7日には、

長州藩児玉若狭家家来脱走　団伸二郎
同藩毛利家家来脱走　太田光太郎
久保田藩　金輪五郎
越後国府兵居之隊　五十嵐伊織

の容疑者4名が逮捕され、11日兵部省の手によって京都市中に潜伏していた伊藤源助が捕縛された。その外7名が逃走中であった（前掲　竹本知行『大村益次郎』）。

この中には逃走中の容疑者を含め、益次郎の出身地である長州藩から3人、征討軍の土佐藩から4

名も輩出している点は何を意味するか。次に掲げる斬奸状を見るに、彼らには天皇を中心とする復古の国体を期待していたのにそれを裏切られ、近代化の方向に転換した、という感が強かったのではないか。

犯行の動機については彼らが所持していた『斬奸状』には現代文に直すと、

「王政復古によって人材を登用される際の趣旨を考えるに、神州の元気を興張し、武威を外夷に輝かし、各自が働く場所を得て、万民が尽く安堵し、祖先の霊を奉安しようという朝廷のお考えであるにもかかわらず、この者は職に任ぜられて以来、内外本来の分をわきまえず、専ら西洋の風俗を模擬して、神州の国体を汚し、朝廷の根本原理を侮蔑し、侵入してくる蕃夷の風を醸している。ゆえに人心は日々軽薄となり、恥じらいの気持ちは一掃されてしまった。ついには外夷あるを知り、皇国あるを知らせない極みに至った。数々の罪状は枚挙にいとまがない。よって天つ神はその怒りを抑えることができず、手を我々有志の者に借り天誅を加え」(以下略)。

『斬奸状』は益次郎襲撃が彼の開化主義に対する強い反感にあったことを表している。また尊皇攘夷については後期水戸学の影響も見て取れる。これは前述した横井小楠、佐久間象山襲撃にも共通する、西欧文明進取に対する拒否反応であることは明白である。特に長州の神代直人などは狂信的ともいえる尊皇攘夷過激派であり、一時期攘夷派筆頭と言われた高杉晋作でさえ開国派に転向したと神代につけ狙われて、こんな狂人みたいな人間は相手にできず、と言いこれを極力避けていたほどである。

彼ら水戸学の系統を引くとも思われる過激な尊皇攘夷派には、時代の趨勢がつかめず、ましてや西欧近代化が今後の我が国の方向を決めるなど思いも及ばぬことで、最初掲げた王政復古こそが新政府の行く道であると信じていた。それを中途で捨て、国際情勢から外国と妥協し、西欧式近代化の道を邁進する新政府首脳は許せぬ存在であったのである。特にその象徴ともいうべき存在が大村益次郎であった。

なお、諸説でも大村益次郎襲撃事件の背後にいた黒幕は長年の宿敵であり、益次郎に強い恨みを持っていた薩摩の海江田信義ということになっているが、それを明確に裏付ける証拠はない。小生浅学非才なので実態をお教え願えれば幸甚である。

第4節　症状と治療

事件当日、まさに益次郎は満身創痍の状態であった。頭部には縦4寸、深さ5分の傷があり、左額から頭にかけて縦3寸の傷は骨を露出させるとともに、動脈をも切断していた。最も重症であったのは足部で、膝頭の靭帯を切断していた。当夜の応急措置は傷口をそれぞれ吻合し、包帯を巻きつける方法を取っている。

その後、傷は出血と止血を繰り返しながら、数日後には皮膚組織再生の萌芽が見られた。そこで益次郎は大阪府医学校病院のボードイン医師の診察を受けたいと願い、ボードインに診察依頼の手紙を書いた。それを受けてボードインは自ら診察を行うべく、益次郎を大阪府医学校病院へ転院させることになった。

ボードインは転院してきた益次郎を診察してみて、これまでの治療法には難点があることを指摘し、適切な対応に切り替えたのである。そこでの治療の結果、症状は快方に向かうかに見えたのである。

事実、益次郎自身もボードインに会ってそのように思ったのか、三条実美右大臣に宛て概略次のような手紙を送っている。

「これから全快の折は余生をもって身分相応の御奉公を遂げたいと存じます」とあり一刻も早く軍務

に復帰したいこと、軍の将来設計にかかわる抱負が書かれており、陸軍の兵部大輔として建軍に対する執念が窺える内容となっている。

三条もこれに対して益次郎に懇切丁寧な返書を送って労をねぎらっている。益次郎はその後回復ならず明治2（1869）年11月5日没したが、最後まで建軍の将来像を考え構想していたのである。

最終節　明治陸軍誕生

その後益次郎の志を受け継ぎ、明治陸軍を建設したのは陸軍の大御所と言われ、官界、政界にも絶大な勢力を扶植した山縣有朋である。山縣は天保９（１８３８）年6月14日、萩城下で山縣三郎の長男として生まれた。生家は士分である足軽以下の中間（伊藤博文も同じ）であったが、その後足軽株を買い士分となった。

山縣は本文で触れたように、すでに陸軍の最高実力者になっていたが、日清戦争では第1軍司令官として出陣し、作戦に失敗するなど戦には弱かったが、軍政家としては長州軍閥の総帥として、益次郎らが導入したフランス系軍制を、ドイツ系軍制に改編するなど明治陸軍の基礎を構築した。また益次郎が長州藩時代から構想し、維新後徴集兵制度による国民軍創設も引き継ぎ、名実ともに明治陸軍を建設した。益次郎の意図した建軍は山縣によって実現を見たのである。

なお、大村益次郎を襲撃させた影の黒幕と言われる旧薩摩藩士の海江田信義が裏で糸を引いていた、という確証は『大村益次郎』を詳細に研究された竹本知行氏も残念ながら触れられていない。これから発掘されることを強く望みながら筆をおく次第である。

なおこの評伝は、あくまで史実に従って忠実に記載したつもりだが、純粋な学術書のように全て史料の引用に従っているわけではなく、史料がない場合は推論に寄っていることをお断りしておきたい。学術書のように全て史料の引用に頼ると、それがない場合は空白となるからであり、筆者の力不足であることを陳謝する次第である。

あとがき

冒頭にも触れたが幕末から維新にかけてのこの時期、世界は欧米列強の帝国主義に席巻され、その牙はすぐにも我が国に迫ってくるという状況下にあったのだ。

そのような厳しい国際情勢の中、土台は腐敗していてもなお強大な権力を握って離さない徳川幕府では日本という国は立ちゆかない。国際社会に伍してゆける社会を構築しなければ我が国も帝国主義の波に飲み込まれる、という危機感が尊王攘夷論として巻き起こったのである。その先鋒を担ったのが本州の最西端に位置する長州藩であった。

そして幾多の苦難を経ながらも、長州藩はいち早く倒幕の先陣を切った。それが可能であったのは長州という藩が人材の宝庫であり、その背景には徳川幕府開府以来の怨念、藩を挙げての殖産興業振興政策、時代の波に乗り交易を中心とした流通経済の活性化、瀬戸内地方を中心とする活発な新田開発と人材育成であった。

そこでこの拙論では、大村益次郎という男を描くにあたって、その背景となる長州藩とはいかなる風土、地理環境、藩としての思想性についても、長州藩を構成した人材についても紙数を費やして紹介してきた次第である。また幕末から維新にかけての国際情勢についてもできうる限り触れてみた

(幕末の英仏と長州、幕府をめぐる国際情勢については、その道の権威である石井孝東大教授の論文から関係文献を抜粋した)。

長州藩はこの豊富な財源を糧に、早くから藩近代化、軍備・兵制改革に努めてきたが、それを集大成したのが緻密で雄大な構想力を持つ大村益次郎であった。もう一人長州には人を惹きつけるカリスマ性と独創性、戦略にかけては天賦の才能を持った男、高杉晋作の存在を欠かすことはできない。だが高杉については余りにも数々の評論、小説で紹介されているのでここではその業績を紹介するにとどめておく。

さてこの拙論では一介の村医者から武家社会の古い慣例を打破し、藩近代化に邁進。身分にとらわれない人材の抜擢を行い正規軍、奇兵隊など個別に活動していた諸隊を統合して長州正規軍を結成、軍としての統一した機能を持たせた。いわばわが国最初の国民軍を創設した男、大村益次郎について触れてみたい。

益次郎の功績はバラバラであった長州軍の統一、その深い学術研究から生み出した散開戦術、築城術など近代戦術は大きな効果を上げた。だが一番の功績は中途で挫折したが近代軍隊としての国民軍構想であろう。

徴兵制導入による国民軍は、「強固な軍隊あって国民が苦しむ」、という弊害をも生み、それは昭和陸軍にまで受け継がれたが、良し悪しは別として国民軍として世界に伍する明治陸軍を構想し、その基礎をつくった大村益次郎という一代の英傑はいかなる男かという魅力がある。

益次郎は高杉に比べて派手さはないが鋭い頭脳に加え、誰もが及ばない旺盛な研究心、複雑な国際情勢を見通す力、将来を見据えての雄大な構想力、斬新な発想とそれを時間をかけて実現にもっていく実行力は並外れている。やはり大村という逸材なくば日本という近代国家は成立しえなかったであろう。一言では言い表せないが、益次郎とは組織の中にあって組織を動かす、典型的な軍事官僚である。

残念なことにその人間性には問題があり、狷介で人の意見をにべもなく論破する、あるいは聞き入れない、と言った狭量なところさえなければ、その並外れた能力をして長い将来に向けて、はるかに偉大な業績を残すことができたのではないか。

終わりにこの拙著を刊行するにあたり、30年の透析生活で、いつもこれで終わりかと思いながらも12冊を数えることができました。これも、日川高校創立104周年記念講演はじめ各種の講演会開催の御援助など一方ならぬお世話をおかけした恩師であり日川高等学校同窓会長の加藤正明先生、山人会の今村徳三先生はじめ笠井忠文先生、三谷静子先生、文人各位のお陰です。また長い透析生活を支えてくださり、こうして文筆活動ができ得ますのも県立中央病院の若杉先生ほか各透析施設の先生およびスタッフ各位には随分とお世話になりご指導を賜りましたお陰です。終わりにこの拙著を刊行するにあたってご指導を賜ったほか関係各位、文芸社各位には随分とお世話になり、ここに改めて深く謝意を表する次第であります。

主要参考文献

竹本知行『大村益次郎』全国を以て一大刀と為す　ミネルヴァ書房　2022
田中　彰『長州藩と明治維新』吉川弘文館　1998
坂田吉雄『明治維新史の問題点』未来社　1962
長岡祥三『リーズデイル卿回想録　英国外交官の見た幕末維新』ミットフォード著　講談社学術文庫　1998
石井　孝『明治維新の国際的環境』吉川弘文館　1960
稲葉　稔『大村益次郎』PHP文庫　1998
相澤邦衛『維新の回天と長州藩』新人物往来社　2006
相澤邦衛『高杉晋作　維新の先駆けとなった長州の異端児』文芸社　2018
池宮彰一郎『高杉晋作』上下　講談社文庫　1997
一坂太郎『高杉晋作』文藝春秋　2002
三谷　博『明治維新を考える』有志社　2006
日置英剛編『新国史大年表』第6巻　国書刊行会　2006

歴史学研究会編　『日本史年表』　岩波書店　２００３
五味文彦ほか　『詳説日本史研究』　山川出版社　１９９８
童門冬二　『長州藩大改革』　学陽書房　２００４
相澤邦衛　『維新の回天と長州藩』　新人物往来社　２００６
高木不二　『横井小楠と松平春嶽』　吉川弘文館　２００５
田中彰編　『世界の中の明治維新』　吉川弘文館　２００１
田中　彰　『幕末の長州　維新志士出現の背景』　中央公論社　１９６５
木村高士　『幕末維新長州烈風伝』　新人物往来社　１９７５
古川　薫　『幕末長州藩の攘夷戦争』　中公新書
富成　博　『維新から明治へ　その虚像と実像』　長周新聞社　１９８６
アーネスト・サトウ　『一外交官の見た明治維新』上下　岩波文庫　２００２
末松謙澄　『防長回天史』　マツノ書店　１９９１
竹本知行　『幕末・維新の西洋兵学と近代軍制』　思文閣出版　２０１４
萩原延壽　『英国策論　遠い崖―アーネスト・サトウ日記抄３』　朝日文庫　２００７
古舘由美子　『ジンギス・カン』　自費出版

参考資料　日本をめぐる国際情勢

幕府対薩長倒幕派をめぐる英仏の暗闘

参考文献『明治維新の国際的環境』　石井孝　吉川弘文館　昭和35年3月1日刊行

高杉晋作、大村益次郎が倒幕に向け邁進した幕末長州藩の動向を探るうえで、日本を取り巻く国際環境はどうであったのか。幕末の日本に最大の影響を与えたイギリス公使館通訳アーネスト・サトウ(明治維新後外交官)、その上司で全盛期の大英帝国の威信を背景に砲艦外交で各国外交団をリードした同公使ハリー・パークス。およびイギリスの最大のライバルで、幕府に異常な肩入れをしたナポレオン3世統治下のフランス公使のロッシュの動きを中心に、幕府と薩長倒幕派の動向に関する政治環境について記してみた。

この表題の書籍は幕末・明治維新における日本の国際環境の原点であり、あらゆる研究者が論文を書く上で、この書から引用している。したがって筆者も本文に関する重要事項のうち一部要点を引用した。

・日本の政局に関する英国公使の認識

本国政府の訓令　貿易を制限または放棄することなく、その維持、拡大がすべての基本条件である限り、日本を内乱または外戦に巻き込むことは貿易の放棄を意味することになる。オールコックがはじめ兵庫・大阪の開港・開市を主張したのは、貿易拡大の見地に基づいてであった。しかるにこの政策が貿易を破壊する内乱・外戦を誘発するならばその主張を撤回し、単に貿易の現状維持だけで満足しなければならぬ。

・「英国策論」横浜英国領事館付き通訳アーネスト・サトウ　ジャパンタイムスに寄稿

日本語に訳され、大君政府と長州の対立を軸に外国人から見た幕末日本の政治情勢が克明に描かれている。この記述によると、サトウは早くから幕府と対立している長州側要人と親密になり、その縁で薩摩の要人とも交際を深めていくことになる。薩長は外国との貿易を熱望しており、サトウも一旦は長州藩との貿易を「大君政府の許可を得ていないから密貿易になる」と言ったが長州藩要人は「大君と同じように外国人と通商関係を持ちうるように、一種の協定を造ろうと意図している」と言っている。サトウは現行条約を破ってまで外国と直接通商関係に入りたいというある雄藩（長州藩を指すと思われる）の熱望を伝えている。

こうした事実から各藩が排外主義であるという情報は虚偽で、外国人との交際をも妨げ大君が享受している外国貿易の独占を独立諸侯はねたみながらも守り、貿易の分配にあずかろうと熱望している。

独立諸侯は幕府の貿易独占により損害をもたらすが、外国貿易はすべての藩に開放すべきであると考えている。

・サトウがパークスに与えた影響

アーネスト・サトウは親倒幕派の薩長と緊密な関係にあり、同じく薩長に貿易を通じて肩入れする武器商人グラバーとも信頼関係にあった。サトウはグラバーと同じく幕府遠征軍の陣容を「総人数は5万2千人に相不過、且又其内砲兵隊千人程有之由にて野戦筒（大砲）は至って小き不用の品」と正確に征長軍の陣営を把握して長州に報告しているのを見ても、明らかに長州に好意を持っていることがわかる。かかるサトウを重用したのが少壮気鋭の新駐日公使ハリー・パークスであった。同僚（サトウ）のミッドフォードは、

「パークスはサトウ氏という非常の才人を側近に持っていた。彼はこのオランダ外交のすべての陳腐さを一掃し、日本の歴史と風習・伝統の正確な研究により、将軍の地位を認識して、それに真の評価を与え、帝のみが日本の君主であることを示した人であった。彼が良く日本語に通じていたことは、偉大な手練、率直な正直さと相まって、彼をして日本における指導的人士と友好関係を打ち立てることを可能にした。（中略）パークスはサトウの政策の賢さと彼の助言の価値を見抜く機智を持ち、それを承認し、実現させる勇気と決断を持ち、諸大名にモラル・サポートのすべてを与えた」。

＊兵庫滞在中パークスは薩摩の汽船を訪問し、西郷、川村与十郎、吉井幸輔などと会い、薩摩の政局に対する見解を知り、薩摩と英国公使館との友好関係を深めることに成功した。こうしてパークスは、日本に着任早々薩長倒幕派の要人と接触することによって幕府を見限り、英国武器商人グラバーとともに倒幕派に加担することになった。

・サトウの英国策論の趣旨

サトウが立論の基礎としているのは将軍の権威の失墜と雄藩大名の貿易要望である。

1　将軍が天皇の命令で上洛させられたことにより、日本における上下関係が明白に

2　水戸藩の反乱を親しい藩（大名）の手を借りてかろうじて鎮圧できたこと

3　長州征伐（第1次か）を呼号しながら虚名（威嚇）で服従させようとしたこと

サトウは西欧各国（公使館）に提案する中で条約改正の相手は、日本国における真の実力者は幕府でも朝廷でもなく、雄藩である、と考えていた。また大君は政権者ではなく、帝に仕える諸侯のうちの第一人者に過ぎない、と見抜いていた。したがって、今後貿易を発展させ日本全土に市場を拡大するには条約の改正が必要である、とし、大君は諸侯の1人となり、帝を推戴する諸侯の連合がこれに代われ、と提案している（これは土佐の後藤象二郎が建議した大政奉還論と酷似している）。そして条約改正は（幕府ではなく）諸侯連合と締結すべきだと提案しているが、これは外交の問題ではなく政治組織の改造を意味する。

・幕府の貿易独占に対する諸藩の考え方

薩摩の松木弘安から友人オリファントを通じて、イギリス外相グラレントン伯にあてた提案　条約批准に関する松木の考え方であり、これは彼が所属する薩摩藩だけでなく雄藩大名に共通する考えである。その内容は『英国策論』とほぼ同じであり、将軍との条約を止めて大名と条約を結びなおす、という提案である（この場合、提案はサトウと予め協議してあったのかは分からないが、政権を幕府から諸藩（連合）へ移すことに対してはサトウと松木の意見は同一である。石井氏は、このように松木提案とサトウの策論が一致していることは、松木の提案を読んだうえでサトウが策論を書いたのではないか、としている）。

・前述したように慶応2（1866）年の段階になっても、パークスは薩長側に肩入れしつつあるが、これに対し、英国外相クラレントンはパークスに厳正中立を堅持しつつ、内政干渉をすることは慎むように、という訓令を発している。これとは別にフランス側ロッシュ公使も幕府に肩入れし、薩摩と朝廷が英国と離間する動きを見せている。薩摩は倒幕派の長州と連携しながらも、なお島津久光は公武合体の動きを模索するなど複雑な動きを見せている。

・薩摩と英国公使館の接近

パークスはグラバーを通じ、武器輸出の関係もあり薩摩と親密な関係を構築した。グラバーは長州が幕府によって貿易を禁じられたことにより大きな損失を被り、慶応２（１８６６）年７月の段階では薩摩藩に30万両の負債を抱えていた。そこでパークスの鹿児島訪問を画策したのである。同時に西南諸藩とも緊密な関係を築き、貿易拡大を図っている。

フランスの対幕府接近

・パークスとロッシュ

パークスは大英帝国を代表する外交官であり、薩長倒幕派と緊密な関係にある。ロッシュはナポレオン３世治世下のフランスを代表する外交官で徳川慶喜と特に親しく、英仏は強烈なライバル関係にある。パークスは、西南雄藩の諸侯が大きな利潤が得られる外国貿易を、幕府が独占していることに強い不満を抱いていることを知っており、ロッシュはパークスが薩摩の招きに応じて鹿児島を訪問することに強い懸念を表明した。同時にパークスが有力大名と直接接触をすることに反対であり、彼が長崎までくるとロッシュは大君と対立する薩摩を訪問することに反対の意を唱えた。また２人は長州問題および内乱が外国貿易に大きな損害をきたしていることについて協議した。

・第二次征長戦争とパークスの見解（鹿児島訪問時、長崎における小笠原・パークス会談）

パークスは第二次征長戦争中、外国船が長崎を通過することを停止することについて、小笠原老中に「長州征伐をしなければならぬか」と詰問。小笠原は「長州は朝廷・幕府の命令に違反したから征伐は不可避。既に征討の勅命も下った」と言うと、パークスは「長州への侵入経路は外国船通行に差し支えがあるから下関は見合わせてほしい」と要望するも小笠原はこれを拒否。パークスが船舶が通行できない期間の補償を要求するもこれも拒否。パークスの幕府の攻撃ルートへの介入は軍事行動への妨害に他ならないとするのが通説である。

興味があるのは佐幕派、倒幕派に限らず第二次征長戦争は兵員において圧倒的武力を有する幕府側が勝利すると見ていた。ところがパークスは、慶応２（１８６６）年8月4日の日本新聞に「幕軍が長州との戦争に敗北するのは疑いない」と予想し、「英人の意にては、蓋し薩州あるいは長州が代りて天下の権を握らん事を希ふなり」とイギリス側の希望を隠すことなく表明している。

その要因は、パークスの背後にいるグラバーをはじめとする在日英国商人の自由貿易拡大にあり、幕府では不可能とみていることにある。これは「横浜新聞」にも同様の記事が掲載されており、本文にも記載したが、如何に在日外国商人が自由貿易を希求していたかが分かろう。それらを代表する論文が『英国策論』であった。『策論』は見事に倒幕側の希求するところを表現している。幕府は力関係でこれを取り締まることはできなかった。

・仏国公使ロッシュの対日政策　製鉄所建設等援助

彼の前任者ベルクールの対日外交政策は英国公使への追随であった。フランスの対日貿易額は低く、英国、オランダ、米、プロイセンに次ぐ地位にあった。それが１８６３年頃からナポレオン3世の治世下に入ると、新任公使ロッシュはその意を汲んで対日貿易に力を注ぎ始め、その手法は英国への対抗策として幕府への露骨な援助を展開することであった。幕府内にも親仏派が形成され、財政援助を通じて幕政の主導権を握るようになった。その中心が栗本鋤雲及び小栗忠順であり、倒幕派に肩入れする英国への対抗策であった。

その一例が幕府が推進したフランスによる横浜近辺への製鉄所建設援助である。慶応元（１８６５）年1月29日、フランスは工場建設の適地とみた横須賀に、製鉄所・修船場・付属建屋を４年間で建設するという契約を幕府と締結した。フランスは経費1年60万ドル、４年間２４０万ドルで落札した。付随して大砲譲渡、砲兵工廠建設援助も行うこと、フランス軍増兵も仏国外務省との間に決定を見た（徳川慶喜直属の幕府洋式歩兵部隊として実現）。

・幕府の長州征討への援助

小笠原老中の長州征討に対するロッシュへの諮問、実戦に関する意見具申

ロッシュの幕府援助は成功へ向けての戦争の準備方法、長州の密貿易禁止徹底による財源枯渇策

近代軍隊の装備、軍事組織編制、軍需品調達・運送　長州領の地点での牽制行動の実施方法、兵力の

大きな展開行動、戦場における人道行為は国際法にかなっていること、などを直接教授した。

・ロッシュの幕府に対する提言と覚書

幕府は鎖国以来、260年戦争がなかったことへの対応策として次の諸点を教授した。陸軍隊伍・糧食・陣屋（築城術か）野戦病院のこと、などであり大軍を動かす場合の戦術などについて提言している。また下関を中心とする地形上の武器、兵糧の運送　歩兵の船舶による運送方法　軍艦による敵地攻撃方法などを詳細に伝授しており、幕府もこれに従って戦術・戦略を組んでいたことが分かる。また長州に対する外交工作では藩主、一門、家臣を分断して戦意を失わせることに注力し、戦闘を行うことなく長州征討を成功させようとも画策していた。

ロッシュが危惧していたのは、密貿易による長州軍の軍事力が培養している事実を把握していたことである。そしてロッシュは長州藩の密貿易を禁圧すること。それには英、米、蘭の投機筋が長州藩に軍事物資を供給していることに大きな危機感を抱いていて、いかにこれらの国に中立を守らせるかに苦慮している様子が、ローズ提督宛書簡に表れている。

「フランスを除いて西欧各国の外国人は武器、軍需品は財源が富裕（本文でも詳細に触れているが、交易・密貿易により長州藩が富裕であることは外国にも知られていた）な長州侯に売られ、これに対して幕府は密貿易禁圧の力を持たず、その敗北は我々フランスを窮地に追い込むであろう」と遺憾の意を表している。また内海航行の自由を確保するためには、長州侯が進めている下関砲台再構築を阻止することが喫緊の課題である、としている。
ロッシュは幕府が自前で大砲が創れるよう、横須賀製鉄所建設にも力を入れるよう尽力し、最新式ミニエー銃を本国から取り入れ、陸軍士官シャノアン大尉を呼び寄せ、徳川慶喜に洋式歩兵部隊設立を提言。兵員の教育訓練を行うなど力の入れ方は尋常ではないが、その見返りとして生糸の輸入、鉱山開発の認可を要求するなど西欧列強の常套手段である日本経済の支配をも考えていたのである。

以上、英仏を代表例として石井教授の『明治維新の国際的環境』から幕末の国際環境を見てきた。英仏は倒幕派及び幕府双方に援助合戦を行っているが、英仏とも莫大な利潤が得られる生糸の輸入、下関の航行の確保、主要都市の開港、自由貿易、それに加え仏は鉱山開発の権利などを要求しており、援助も無償供与ではなく、局外中立政策も貿易のためには内乱を望まない、それは自国の利益のための方途である。とにかく西欧列強は自国の利益のための自由貿易を望み、そのためには手段を選ばないのだ。

また本文でも触れたが、幕府の竹内使節団が英国をはじめとする西欧諸国に条約延期交渉に出かけた際、まず英国で自国に有利な不平等条約を結ばれ、他の国からも同様の条約を締結させられた。その改定には長い日時を要した例にみられるように、外交にかけては日常国境を接し切磋琢磨している海千山千の西欧諸国にかかっては、日本など手玉に取られるわけであり、明治維新後よく我が国がこれら西欧列強諸国に伍する国家に成長したと思う。

著者プロフィール

相澤 邦衛（あいざわ くにもり）

昭和16年12月　東京都文京区に生まれる。
昭和19年5月　山梨県塩山町に移住。
昭和35年4月　國學院大学文学部史学科入学。
昭和39年4月　甲府市役所入所。市立図書館長等を経て
平成14年3月　定年退職。以後執筆活動に入る。

主な著書
『田村怡与造伝』　山梨ふるさと文庫　第18回中村星湖文学賞受賞
『明治日本の創造と選択』　叢文社
『高杉晋作・上海行』　叢文社
『維新の回天と長州藩』　新人物往来社
『中世初期の甲斐源氏』　日川高等学校110周年記念誌
『高杉晋作を支えた豪農・豪商層』　長州新聞連載
『幕末・明治初期の国際環境』　自費出版　日川高等学校104周年記念講演原稿
『徳川慶喜とその時代』　文芸社
『「クラウゼヴィッツの戦争論」と日露戦争の勝利』　文芸社
『高杉晋作』　文芸社
『田村怡与造と森鷗外』　文芸社
『私の透析日記』　自費出版

国民軍を創設した男　大村益次郎
―維新の起爆剤となった長州藩―

2024年5月15日　初版第1刷発行

著　者　相澤 邦衛
発行者　瓜谷 綱延
発行所　株式会社文芸社
〒160-0022　東京都新宿区新宿1－10－1
電話 03-5369-3060（代表）
03-5369-2299（販売）

印刷所　株式会社フクイン

ISBN978-4-286-25293-3